TRADING 101;
정답은 없겠지만

민광찬 지음

도서출판
청람

| 머리글 |

"행복은 돈으로 살 수 없다." 그러나 경제적 안정없이 현대 자본주의 사회에서 행복해진다는 것이 얼마나 어려운 것인가를 평범한 우리들 모두는 너무나도 잘 알고 있다.

30년간을 국내외 선물, 증권회사에서 Trading 관련 업무를 하였고 프랍 Trader로 근무해왔기에 Trading에 남다른 애정을 가지고 있는 필자조차도 Trading이 돈을 벌기 위한 하나의 수단이었음을 부인할 생각은 없다.

속시원히 "이렇게 Trading 하시면 돈 법니다"라고 주장할 수 있다면 좋겠지만, 결국 본인에게 맞는 "Trading의 정답은 스스로 찾아내야 하는 것"이기에 후배 Trader들과 Trading으로 인생의 새로운 계기를 준비하고 있는 분들이 그 각자의 정답을 찾아내는 여정에 작은 도움이라도 될 수 있기를 바라며 이 책을 쓰기 시작하였다.

Trading 자체가 생각하기에 따라서는 한없이 무겁고 심각한 주제가 될 수 있고, Trading 관련 교과서와 같은 이론 서적을 쓸 의도도 아니었기에, 부담없이 읽을 수 있도록 Trading과 직접적으로 관련이 없는 내용들과 경험들도 간간이 써 보았다.

가능한 쉬운 용어를 사용하고자 했음에도 불구하고 외부 강의 및

Trader 양성 사내 교육 자료들을 토대로 집필하였기에 일반인들에게는 낯설 수 있는 전문 용어들이 포함되어 있음과 이 책에 등장하는 인물들의 대다수가 아직 현업에서 Trader로 활동하고 있는 관계로 혹시 누가 될까 하여 모두 익명으로 기록하였음을 미리 밝히고자 한다.

Stock Graph Analysis
Buy Distribution Sell Other
USD 1,141.00
GBP 1,575.38
JPY 1,035.06
AUD 847.08
EUR 1,346.67
CAD 906.38
CNY 176.26
NZD 799.96

| 차례 |

01 Trading 이야기를 시작하며

미국의 로빈후드, 중국의 청년부추와 더불어 우리나라도 동학개미라 불리우며 장밋빛 결과를 꿈꾸는 개인 Trader들이 증가하고 있다.

일확천금을 쟁취하여 파이어(Financial Independence Retire Early)족이 되었다는 국내외의 투자 사례들이 회자되고, 빚투까지 동원하여 모로 가도 서울만 가면 된다며 과정보다 결과가 중요시 되어 가고 있는 현실을 보는 것이 그리 편한 것만은 아니다.

쉽게 돈을 벌 수 있는 투자가 존재할리도 만무하니 소위 벼락거지가 되지 않기 위하여 특별한 준비없이 투자로 내몰리고 있는 젊은 Trader들에 대해 시장의 위험성을 경험해 본 전문가들의 우려의 시선이 있는 것은 당연한 것이다.

우리가 살아가는 동안 '하고 싶은 일'과 '잘하는 일'이 일치할 수 있다면 좋겠지만 그렇지 않은 경우도 허다한 것이 사실이다. 하고 싶은 일이 있어도 어느 정도의 시간과 노력을 투자하여 그 일을 해보아야 잘하는 일인지 아닌지 나름의 결론을 얻을 수 있을 테니 Trading도 예외는 아니다.

어떤 일이든 시행착오는 있기 마련이지만 적어도 Trading의 시행착오는 경제적 · 정신적 손실을 동반할 수 있기에 나름의 준비와 노력 없이 Trading을 시작하는 것은 권유하고 싶지 않은 일이다.

Trading을 제대로 준비하여 성공한다는 것이 쉽지만은 않음을 알고 있는 필자이지만 학습과 노력 정도에 따라 Trading의 성과도 증가할 수 있으며, 일련의 정제된 훈련 과정들을 거치면 누구나 성공적인 투자를 할 가능성이 높다고 믿고 있다.

유대인의 지혜를 집대성한 탈무드에는 "물고기를 잡아 주는 것이 아니라 물고기 잡는 법을 가르쳐 주라"라는 유명한 구절이 있듯이 Trading과 관련하여 '물고기 잡는 법'에 필요할 수 있는 이런저런 이야기 보따리들을 본격적으로 풀어볼까 한다.

02 투자/투기? Trading/Dealing?

이 책에서는 Trading 관련 용어들을 장황히 설명하지 않을 것이기에 필요한 경우 검색엔진을 통해 그 관련 내용들을 찾아볼 것을 권유하며 우선 몇 개의 단어들의 의미만을 명확히 해보고자 한다.

투자와 투기

투자와 투기의 사전적 의미는

- 투자(Investment): 이익을 얻을 목적으로 돈을 대거나 시간이나 정성을 쏟는 것
- 투기(Speculation): 시세변동에서 발생하는 차익의 획득만을 목적으로 하는 거래 행위라고 정의된다.

HIGH RISK!
HIGH RETURN!
BUY LOW!
SELL HIGH!

그러나 특정 행위의 결과에 대한 평가는 판단 주체에 따라 다르며, 법적 · 사회적 통념 등의 판단 기준에 따라서도 차이가 날 수 있고, 소위 '내로남불'의 영역에 해당하는 경우가 많아 현실적으로 투자와 투기를 명확히 구별하는 데에는 어려움이 따르게 된다.

필자는 금융 거래상의 투자와 투기의 차이를 크게 아래의 세 가지로 구분해 왔다.

- 거래 행위에 수반되는 위험성을 스스로 감당할 수 있느냐 없느냐.
- 얼마나 사려 깊게 돈, 시간, 정성을 들여 거래 행위를 준비했느냐.
- 그리고 그러한 거래 행위들이 적법한 법의 테두리 안에서 이루어졌는가.

물론 부동산 거래시에는 최초의 투자 목적과 방법, 생산 활동과의 연계성 등도 투자와 투기를 구분하는데 있어서 중요하게 고려되어져야 한다.

이익을 목적으로 하고, 위험성이 존재한다는 공통점이 있음에도 불구하고 일반적으로 투자는 긍정적인 용어로, 투기는 부정적인 용어로 사용되고 있으니 앞으로는 투자라는 용어만을 사용하고자 한다.

Trading과 Dealing

금융 회사 임직원들의 업무는 일반 제조업체들의 그것에 비하여 중첩되는 업무가 많고 그 경계가 모호한 경우도 있지만 크게는 관리업무, 영업업무, 지원업무 3가지로 분류되어 질 수 있다. 영업업무의 일부분인 자산 운용과 관련하여서는 금융 회사의 형태에 따라 차이가 있으나 일반적으로 회사 고유 자산을 운용하는 프랍 트레이더(Prop Trader)와 고객 자산을 기초로 설립된 펀드(Fund)나 계좌(Account)를 운용하는 펀드 매니저(Fund Manager)로 양분되어진다.

'소유의'라는 뜻인 프로프라이어터리(Proprietary)란 영어 단어를 프랍(Prop)이라고 흔히 사용하는데 이에 프로프라이어터리 Trader를 줄여서 프랍 Trader(Prop. Trader)라고 부르고 있다.

금융 기관의 자산 운용 행위를 트레이딩(Trading) 혹은 딜링(Dealing)이라 부르며 이러한 업무 수행자를 트레이더(Trader) 혹은 딜러(Dealer)라고 부르고 있는데 매매 형태에 따라 구분이 모호한 경우도 있어 흔히 구별없이 사용되고 있어 굳이 분류가 필요한 용어는 아닐지 몰라도 언급해보고자 한다.

운용 상품의 매매가 이루어지는 특정 시장이나 거래소를 통하지 않고 매매 주체가 운용 상품의 재고(Stock)와 포지션을 보유할 수 있는가, 그리고 매매 상대방을 확인할 수 있는가를 기준으로 Trading과 Dealing을 일반적으로 구분하곤 한다.

불특정 다수에 의해 해당 운용 상품이 거래되는 시장이나 거래소에서 주문을 접수 체결시켜 생성된 포지션의 시장 가격의 변동에 따라 수익 발생을 목적으로 매매하는 행위와 사람을 Trading, Trader라고 부른다. 거래소를 통해 주식을 거래하는 주식 Trader가 대표적이며 절대다수의 개인 투자자의 경우 매매 상대방이 서울의 갑돌이인지 부산의 갑순이인지를 알 수 없는 매매를 하기에 Trading을 하는 Trader라고 불리우는 것이 적합하다.

매매 주체가 운용 상품의 매매가 이루어지는 특정 시장이나 거래소를 통하지 않고 운용 상품의 재고와 포지션을 보유할 수 있으며, 확인 가능한 상대방과의 거래를 통하여 수익을 발생시키는 매매를 영위하는 행위와 사람을 딜링, 딜러라고 부른다.

이러한 이유로 신차나 중고차를 매매 중개하는 사람을 자동차딜러(Car Dealer), 골프, 콘도, 스포츠센터 회원권을 매매 중개하는 직업을 회원권딜러(Membership Dealer)라고 Trader가 아닌 딜러라고 일반적으로 부르고 있다.

금융업계에서는 상대방의 포지션을 본인 위험하에서 취하고 가격 변동에 따라 수익을 얻는 매매를 하는 채권딜러나 외환딜러가 대표적이다. 물론 채권딜러나 외환딜러들도 장내 채권 시장이나 외환 시장에 주문을 접수하여 매매를 하는 경우도 많이 있다.

Trader가 딜러로서의 역할을 수행하는 경우가 거의 없기에 금융시장에서 딜링이 Trading보다 광의의 개념으로 해석되어지기도 한다.

위험 관리 차원에서 문제 발생의 소지가 있어 그 수가 줄어들고 있으나 딜러와 고객주문을 수탁 집행하는 중개인 브로커(Broker)와의 역할을 동시에 수행하는 딜커(Dealker)라는 모호한 시장 참여자도 몇몇 시장에서는 존재하고 있다.

필자는 오랜기간 프랍 Trader였기에 Trading, Trader라는 용어가 더 익숙하며 딜링은 소수 기관 투자자들의 영역이므로 앞으로는 Trading, Trader라는 용어로 통일하겠다.

03
Trader로의 준비

Trader의 탄생

1990년대 중반 미국 투자 관련 베스트셀러 반열에 올랐던 투자전문가 잭 슈웨거(Jack D. Schwager)가 쓴 〈시장의 마법사들(Market Wizards)〉 시리즈는 이제는 Trading 관련 고전이 되어 버렸다. 이 책들은 Trading 관련 지식이나 기법을 소재로 한 입문서라기보다는 전설적인 Trader들과의 인터뷰를 통하여 그들의 성공담에 관한 내용들을 기술하고 있다.

책에 등장하는 수많은 거장 Trader들 중 핏의 왕자(Prince in the Pit)라 불리던 시카고 선물시장의 전설 리차드 데니스(Richard F. Dennis)의 터틀 트레이더(Turtle Traders) 일화는 시사하는 바가 남다르다고 할 수 있다. 리차드 데니스는 친구이자 유명 Trader였던 빌 에크하르트(William Eckhardt)와 'Trader의 자질이 선천적이냐 후천적이냐' 하는 내기를 하게 되었고 신문 광고를 통하여 Trader가 되기를 원하던 23명의 지원자를 선발하였다. Trader의 자질은 후천적이라는데 내기를 걸었던 리차드 데니스가 이들에게 2주간 Trading 교육을 실시하였고 이후 일부 자금을 주며 실제 Trading 경험을 쌓게 하였다. 기술적 지표에 기반한 추세추종법(Treand Following)과 위험 관리 기법을 전수받은 이들은 훗날 터틀 트레이더라 불리우며 연평균 50~100%를 달성하며 추후 선물투자자문업자 CTA(Comodity Trading Advisor) 회사를 설립하여 한 시대를 풍미하는 Trader들로 성장하였다.

무협지에나 나올법한 터틀 트레이더들의 전설은 여타 직업들과 마찬가지로 "훌륭한 Trader도 교육을 통하여 후천적으로 양성할 수 있다"라는 주장을 증명한 사례로 남게 되었고, 필자도 이러한 Trader 양성 가능성에 대한 견해에 전적으로 동의하고 있으며, 사내 Trader 교육 및 OJT, 모의투자 등을 통하여 신입 사원들을 성공적인 Trader로 육성해낸 확률이 75% 정도에 이른 실제 경험을 가지고 있다.

Trader의 자세

그렇다면 교육을 통하여 성공적으로 Trader가 된 사원들과 그렇지 못했던 사원들 간에는 어떤 차이가 있었을까? 그 첫 번째 차이점은 교육에 임하는 피교육자의 자세에 있었다고 판단된다.

Trader가 되려는 사람에게는 Trading을 배우려는 진지한 자세가 교육 성과를 결정짓는 중요한 출발점이 된다고 생각된다.

영어 알파벳 26자를 순서대로 나열시키고 첫 번째 A를 1점, B를 2점 … Z를 26점이라고 할 때 자세, 태도를 의미하는 ATTITUDE라는

단어가 100점짜리 단어이듯

SUM{A(+1)T(+20)T(+20)I(+9)T(+20)U(+21)D(+4)E(+5)}
=ATTITUDE(+100)

어떠한 교육을 받아들이는 데는 피교육자의 긍정적이고 성실한 태도와 자세가 중요하다.

그리스 신화에 나오는 피그말리온 효과(Pygmalion Effect)도 최근에는 교육자의 기대와 피교육자의 관심이 긍정적인 조화를 이룰 때 교육 효과도 높아진다고 하는데 많이 인용되고 있으니 Trading 교육도 예외는 아닐 것이다.

어설픈 경험을 가진 주니어급 Trader들보다는 신입 사원들의 교육 효과가 더 좋았던 이유는 개인에 따라 여러 가지 원인이 존재하겠지만 잘못된 그림을 수정하는 것보다는 하얀 도화지에 새로운 그림을 그리는 것이 때로는 더 효율적이듯이 Trading의 나쁜 습관이 없는 사람들에게 Trading을 가르치는 것이 더 효과적이었다고 판단된다.

Trading으로 나름의 성공을 거둔다는 것은 결코 쉬운 일은 아니지만 절실한 바램을 가지고 배움의 자세로 노력한다면 Trader로 시장에서 살아 남은 자신의 모습을 볼 수 있게 될 것이다.

Trader의 루틴(Routine)

미국 프로야구 메이저리그 MLB(Major League Baseball)의 자랑스러운 한국인 류현진 투수는 다른 여타 선발 투수들과는 달리 불펜 피칭

Life Goes on
12
6
6
12
Zzz
Night
Night
Life goes on
Go
Work
Study

을 하지 않는 독특한 자신만의 루틴으로 MLB 데뷔 초창기 미국에서 화제가 된 적이 있다.

Trading을 하다 보면 전문 Trader들은 물론이고 누구나 크고 작은 징크스(Jinx)가 생기기 마련인데 이러한 심리적인 부담 때문에 직업적인 Trader들조차도 전날 꾼 꿈의 해몽을 검색해보고, 장개시전 별점 등으로 그날의 운세를 보고, 행운의 2달러(Lucky 2Dollar) 등 행운을 부른다는 부적 아닌 부적을 소지하고 다니기도 한다.

필자의 경우 개인 일정표에는 앞으로 해야 할 일정들을 지나칠만큼 세세하게 기록해 놓고 있었지만, 장마감 이후 30분만 지나도 당일 Trading한 상품의 종가조차 기억하지 못해서 가끔 주변 동료들이 의아해하곤 하였다. 남들처럼 SNS를 하지도 않았고 지나간 일들은 바로 바로 일정표에서 삭제하는 것이 습관이 되었는데 이처럼 지나간 일에 집착하지 않는 것도 Trading을 꾸준히 할 수 있었던 요인 중 하나가 아니었나 생각된다.

Trading은 다양한 시장 외적 환경에 영향을 받을 수 있는 민감한 영역이기에 순발력, 추진력, 지구력 등을 필요로 하는 Trader의 신체적, 심리적, 환경적 안정의 유지가 중요한데 이를 위하여서는 규칙적인 생활습관에 기초한 자신만의 루틴이 필요하다. 다행히도 대부분의 시장들은 거래시간(Trading Hours)이 정해져 있는 관계로 Trader들이 루틴을 만드는 것은 다른 직업들에 비하여 그리 어려운 일은 아닐 것이다.

Trader의 하루 일과는 크게 장개시전, 장중, 장종료 후 삼등분할 수 있을 것이며, 시간별로 일정하게 반복적으로 해야 하는 일들을 기재해 놓고 이에 따르다보면 자신만의 루틴이 확실히 자리잡아 할 일을 잊지 않게 되고, 마음도 몸도 여유롭게 시장에 대응할 수 있게 된다.

Trader별로 루틴은 차이가 있으나 장개시전에는 이메일, 국내외 전일 시황 및 뉴스, 리서치 자료, 주요 경제지표 발표 시간 등이 기재된 Trading Calendar 등을 점검한다. 투자 포트폴리오와 가격대별 대응 시나리오 등 Trading 전략을 수립한 후 필요시 동시호가 주문, 스톱 주문을 시장에 접수시키는데 주요 사항들은 메모로 기재해 놓음으로써 장중 잊지 않도록 하고 있다.

장중에는 뉴스와 메신저를 통하여 시장 정보를 취득하고 Trading에 집중하는 것이 관례이다.

장종료 후는 포트폴리오를 통해 당일 손익을 점검하고 Trading 일지를 작성한다. 기타 업무들을 처리한 후 특이 사항이 없을 경우 퇴근하여 운동 등 취미 생활을 통해 스트레스를 푸는 것이 일반적이다.

Trader들 간에는 예정에 없던 소위 번개 모임 등은 하지 않는 것이 관례로 되어 있어 팀 회식이라도 하려면 한 달 전부터 날을 잡곤 했다.

이렇듯 루틴에 기초한 규칙적인 생활은 출퇴근 시간은 물론 식사 시간, 화장실 가는 시간도 매일 비슷하게 만들 정도로 습관화되어 저절로 몸과 머리에 체득되게 된다.

Trader들이 루틴을 가지는 것은 효율적인 시테크를 통해 안정적으로 Trading을 할 수 있게 하는 밑바탕이 된다. Trading에 있어 루틴의 확립은 생각보다 중요한 요소이니 시간대별로 해야 할 일을 기록함으로써 자신에 맞는 루틴을 만드는 노력을 시작해보길 바란다.

04

Trading과 6하 원칙

6하 원칙을 기반으로 자신의 여건에 적합한 Trading 방안을 검토해 볼 필요가 있다.

Why

주변의 투자 성공 사례에 대한 부러움이나 경쟁심 등 Trading에 관심을 갖게 된 동기는 여러 가지가 있을 수 있겠으나 투자를 시작하는 이유는 부의 창출임은 명약관화할 것이다.

다만 모든 투자에는 위험이 도사리고 있으므로 본인 상황에 맞는 투자 자산이나 투자 기간을 고려하여 어느 정도 현실적인 수익 목표를 설정할 필요가 있다. 투자 초창기에는 가능한 여유 자금과 시간을 활용하여 Trading에 임하는 것이 좋으며 투자의 진행 상황에 따라 수익 목표를 수정해 가는 것이 좋다.

Who? When?
Where? What?
Why? How?

너무 높은 목표를 가진 투자자는 투자 과정에서 쉽게 지치게 되고 판단력이 흐려져 실수를 유발하게 되며, 때로는 시간에 쫓겨 무리한 Trading으로 인하여 원하지 않는 상황에 도달할 수 있으므로 주의를 요한다.

Who

Trading은 본인이 직접 할 수도 있고 전문적인 Trader들이 운용하는 다양한 금융 상품에 가입함으로써 간접적으로 투자할 수도 있으니 이에 대한 결정이 우선되어야 한다.

게임하듯 "재미삼아 나도 한번 해볼까?" 하며 직접 Trading을 시작하는 것은 절대 성공할 수 없을 것이므로 지양해야 하며 직접 Trading을 하기로 결정한 Trader라면 시간과 노력을 쏟아부을 각오를 다져야 할 것이다.

직접 투자와 간접 투자시 고려할 내용들은 뒤에 별도로 다루어 놓았으니 참고하기를 바란다.

직접 투자를 결정한 경우 What, When, Where, How 등에 관해 더욱 심사숙고할 것을 권유한다.

What

무엇을 Trading할 것인가는 투자 성패와 밀접한 관련을 가지는 중요한 선택이 된다.

국내외에는 주식, 채권, 외환, 선물, 옵션, 상품(Commodity), 암호

화폐(Crypto Currency) 등 다양한 투자 시장들이 존재한다.

세계 경제의 큰 흐름은 톱니바퀴처럼 맞물려 돌아가고 있기에 각 투자 시장들도 서로 영향을 주고받으며 거래되고 있으나 각 투자 상품마다 엄연한 특성이 존재하므로 그 차이에 대한 기본적인 학습이 필요하며 자신의 투자 환경, 투자 자금과 위험 한도를 고려하여 무엇을 Trading할 것인가를 신중히 선택하여야 한다.

직접 Trading의 강점은 Trading의 폭보다 깊이에 중점을 둘 수 있다는 것이며 국내외 투자의 거장들도 전문화된 Trading 분야를 가지고 있는 것만 보아도 두 가지 이상의 투자 시장에서 Trading을 하는 것은 개인 능력의 한계를 넘게 되는 경우가 많으니 지양되어져야 할 것이다.

물론 한 시장에서 성공한 Trader가 또 다른 시장에서 수익을 올릴 가능성은 높지만 확고한 Trading 전략과 위험 관리 능력을 보유한 소수 Trader들의 경우만이 해당될 것이므로 소위 '투자 불나방'이 되어 "돈 될 가능성만 있다면 투자 대상은 가리지 않는다"는 우를 범하지 않기를 바래본다.

When

어느 분야에 있어서도 시간은 중요한 자원이니 Trading시에도 시테크를 통한 효율적인 시간 활용의 중요성은 Trader의 루틴과 관련하여 앞서 언급한 바가 있다.

당일 시장 움직임을 녹화하여 장종료 후 반복하여 보며 그날의 Trading을 복기하는 Trader들도 있고, 국내 시장 상품만을 Trading

하지만 시장 동향과 관련 정보를 얻기 위하여 늦은 밤까지 해외 시장을 관찰하는 Trader들도 많이 있다.

하루 24시간을 쪼개쓰는 금융 기관 소속 Trader들이나 개인 전업 Trader들은 나름의 루틴에 기반하여 시간을 활용하여 Trading을 하고 있을 것이므로 별도의 관련 언급은 필요치 않아 보이나 재테크 수단의 하나로 Trading을 하는 소위 부캐 Trader들의 경우는 언제 Trading을 할 것인가를 효율적인 시간 활용의 관점에서 고민해보아야 할 것이다.

어떤 시장이든 장시작 전후 10분, 장종료 전 10분간의 가격 움직임은 시사하는 바가 크므로 이 시간대에는 시장에 집중할 것을 추천한다. 아울러 장중 시장 추세를 확인하는 것 또한 중요하므로 꾸준히 시장을 관찰할 필요가 있으나 부업으로 Trading을 하는 경우 여러 사정으로 시간내기가 여의치 않을 경우가 많이 있을 것이라 사료된다.

결론적으로 본업을 소홀히 하며까지 Trading을 하는 것은 바람직하지 않기에 부업으로 Trading을 하는 Trader라면 중장기 Trading 전략으로 시장에 접근하는 것이 좋다고 판단된다.

Where

무선 통신 기술의 발전은 장소에 상관없이 양질의 정보를 실시간으로 제공받을 수 있게 하였다. 집안에서나 차안에서도 다양한 주문 접수는 물론 특정 가격에 대한 알람 등 편리한 기능들이 탑재되어 있는 MTS(Mobile Trading System)를 통하여 Trading을 가능하게 하고 있다.

MTS 사용자들이라면 누구나 순간적인 오판이나 주문 실수를 경험해 보았을 것인데, 안정되지 않은 주변 여건 탓에 집중력이 떨어져 흔히 발생하는 문제이다. 이에 아주 긴박한 상황을 제외하고는 가능하다면 전문 Trader들처럼 익숙한 장소에서만 Trading을 하는 것이 심리적 안정과 더불어 시장에 대한 판단력을 유지시키는데 도움이 될 수 있다고 판단된다.

How

어떻게 Trading하여야 수익을 얻게 될 것인가?의 문제는 결국 "Trading의 정답은 무엇인가?" 하는 질문과도 일맥상통하는 면이 있다.

필자가 이와 관련하여 내린 결론은 모두에게 맞는 Trading의 정답은 없다는 것이다. 그럼에도 불구하고 Trading의 정답을 찾아내려고 끊임없이 노력하고 훈련하다 보면 자기 자신만의 정답을 찾아낼 수 있을 것이라 믿는다.

각종 매체 및 도서, 자료들을 통하여 Trading과 관련한 유익한 정보를 어렵지 않게 얻을 수 있으며, 다양한 시장 경험을 가지신 멘토 Trader분들, 유튜브를 통하여 생생한 정보를 주시는 전업 Trader분들, 철저한 분석을 통하여 시장의 방향을 제시해주는 리서처(Researcher)분들의 조언들을 귀담아 들어보는 것도 도움이 될 수 있으리라 생각된다.

본격적으로 자신만의 Trading의 정답을 찾아가려는 Trader들에게 도움을 줄 수 있기를 희망하며 이 책을 쓰기 시작하였음을 다시 한번 밝히며 이야기를 계속해보고자 한다.

05
Trading과 확률

운칠기삼?

운 좋은 사람은 아무리 노력하고 최선을 다해도 이기기 어렵다는 의미로 사용되고 있는 운칠기삼이라는 말이 있다. 사자(Buy)와 팔자(Sell)를 거꾸로 내는 주문 실수를 해도 수익을 내는 운 좋은 Trader들의 경우도 가끔 있으니 일견 공감되는 말이기도 하다.

운하면 생각나는 미국 라스베가스 A급 카지노 호텔들의 슬롯머신(Slot Machine)의 지급비율(Pay Out Ratio)은 96% 내외이다. 잭팟(Jack Pot)의 대박이 터지기 전에는 확률상 100달러를 다 베팅하면 평균 96달러 정도가 남고, 다시 남은 96달러를 베팅하면 92달러 정도가 남게 되며 다시 88달러, 85달러로 줄어들어 결국 0달러에 이르게 되는 것이 슬롯머신의 속성이다.

주변의 투자 성공담에 현혹되어 나도 한번 해볼까 하고 준비없고 노력없이 시작한 Trading은 단순히 자신의 운을 시험하는 슬롯머신을 하는 것과 같은 것이며, 운이라는 것은 내가 어떻게 한다고 내편을 만들 수 없는 것이기에 운만 믿고 잭팟이 나오기를 기대하며 시장에서 승부하는 어리석음을 범하는 Trader가 되지 않아야 한다.

세상에 공짜 점심은 없고 사람의 운이라는 것이 한계가 있을 수밖에 없다는 것을 명심해야 하며 결국 Trading의 장기적 성패는 운칠이 아닌 기삼으로 결정되는 것이기에 우리는 기삼을 가다듬기 위해 노력해야 하며 노력하는 사람에게 운도 따를 것이라는 기대감을 가지고 Trading에 임할 것을 바래본다.

확률 게임?

기회 비용과 거래 비용이 없다고 가정할 경우 사자와 팔자 중 하나를 선택해서 한틱의 수익을 낼 확률은 50%라고 할 수 있지만 한틱을 먹으면 익절하고 한틱이 깨지면 손절하는 본전치기 Trading을 목표로 하는 Trader는 존재하지 않을 것이다.

야구에서 3할 타자가 타격의 경지에 오른 것으로 인정받는 것처럼 투자 전략에 따라 3할의 승률만으로도, 즉 3번의 수익의 합이 7번의 손실의 합보다 크게 만들어 꾸준히 훌륭한 수익을 창출하는 Trader들도 많이 있다.

결국 Trading은 수익폭이 손실폭보다 일정 비율 이상 커야 하고 이를 지속적으로 반복할 수 있어야 성공할 수 있는 것이다.

Trading의 승률이 매우 높은 사람은 익절폭이 손절폭에 비하여 조금만 높아도 박리다매식 반복 Trading을 통하여 수익을 얻을 수 있겠지만 대부분의 Trader들에게는 맞지 않는 전략일 수 있다. 이제 자신의 Trading 승률 및 전략에 기초하여 익절폭과 손절폭의 비율을 검토하여 보자.

이때 현실적으로 대상 상품의 변동성 또한 함께 고려되어져야 할 것이니 하루 평균 ±2% 움직이는 상품과 하루 평균 ±10% 움직이는 상품은 익절폭과 손절폭의 비율도 다르게 설정되어야 할 것이다.

포커/고스톱?

Trading시 수익 관리도 중요하지만 손실 관리가 더 중요하다는 것을 Trading 경험이 있는 많은 시장 참가자들은 알고 있다. 자신의 Trading 규칙상 손실 한도를 초과했을 때 가장 단순한 대응 방법은 소위 말하는 손절매이며 손실 포지션에 미련을 남기지 않기 위해 스톱 주문을 걸어 두어 자동으로 손절매 주문을 체결시키는 것도 때로는 필요하다.

코로나 바이러스 탓에 최근엔 힘들어졌지만 지인들끼리 삼삼오오 모여 재미삼아 즐기던 고스톱이나 포커 놀이 중 어떤 게임이 더 위험할까? 세부 게임 규칙에 따라 다를 수는 있겠지만 같은 자금을 가지고 게임을 하는 경우 위험 관리라는 측면에서만 보면 필자는 게임의 규칙상 고스톱이 더 위험하다고 생각한다.

고스톱은 게임 도중 소위 말하는 중도 포기(Die)라는 제도가 없어 게임 진행의 유불리를 떠나 그 판이 끝날 때까지 게임에 참여해야 한다. 게다가 피박, 광박 등은 물론 소위 쓰리고에 흔들기까지 당하면 게임이 끝나서야 내가 얼마를 잃었는지 정확히 계산할 수 있게 된다.

RISK

즉, 고스톱은 일단 게임이 시작하면 내 계획이나 의지에 상관없이 얼마를 잃을지 예측할 수 없는 놀이이다.

반면 포커는 판세가 불리하면 중도 포기(Die)할 수 있어 그때까지 베팅한 금액만 손실을 보고 게임을 마무리 할 수 있고, 게임에 지더라도 자신의 의지로 베팅한 금액 이상의 손실을 보는 경우는 원칙상 없다.

Trading도 장세가 불리할 때 포커의 Die처럼 손절매를 통하여 손익관리를 할 수 있으니 고스톱처럼 얼마의 손실을 볼지도 모르고 질질 끌려가는 Trading을 하지 않는 것이 위험 관리의 기본이다.

손절시는 말할 것도 없고 익절시조차 100% 만족하기 어렵고 항상 아쉬움을 남기는 것이 Trading이다. 특히 손절매는 쓰라린 고통을 남기곤 하지만 Trading을 끊임없는 익절과 손절의 반복 과정으로 이해하는 것이 속편한 방법일 것이다.

손절매한 포지션을 아쉬워하기보다는 포커 게임처럼 새로운 기회의 카드가 다시 내 손에 주어질테니, 빠르게 추스리고 Trading에 몰입하는 것이 현명한 Trader의 자세일 것이다.

06

Trading의 도구

필자가 미국에서 해외선물 Trading을 시작한 1990년대 초반에는 모든 주문을 브로커(Broker)에게 전화를 통해 접수시켰어야 했다. 또한 값비싼 몇 개의 실시간 정보 제공 서비스들을 제외하면, 선물옵션 Trader들 대다수는 단색 화면에 가격과 뉴스, 기초적인 차트 기능만 있는 CQG(Commodity Quote Graphic)라는 서비스를 구독하여 사용하고 있었다.

우리나라도 1990년대 후반 HTS(Home Trading System)가 도입된 이후 저렴한 온라인 수수료율과 거래 편리성으로 인하여 온라인 투자자수가 폭발적으로 증가하게 되었다. 1990년대말 증시 활황은 증권사들의 HTS 개발 경쟁을 야기시켜 온라인 브로커(Online Broker)의 거래량이 기존 오프라인 브로커(Offline Broker)를 초월하게 되었다. 이후 초고속 이동 통신망의 발전과 스마트폰의 보급은 2010년대 초 MTS (Mobile Trading System) 시대를 열며 대부분의 투자자들이 트레이딩 플랫폼(Trading Platform)을 통하여 세계 각국의 주요 투자상품들을 손쉽게 거래하고 있다.

최근 국내 각 금융 기관에서 제공하고 있는 MTS 등 트레이딩 플랫폼들은 실시간 속보, 리서치 자료, 테크니컬 분석, 조건별 정보 검색 등은 물론이고 인공지능(AI)을 이용한 투자자별 맞춤 상담 서비스, 직접 코딩이 가능한 시스템 트레이딩(System Trading) 기능 등을 탑재하여 기존 Trading 관련 지원 기능뿐만 아니라 투자 솔루션의 제공, 투자자의 자산 관리 서비스 등에 이르는 사용자들의 다양한 요구를 충족시키기 위하여 끊임없이 진화하고 있다. 최근 핀테크(Financial Technology)로 무장한 온라인 금융 기관들의 등장은 트레이딩 플랫폼의 발전을 가속화하는 계기로 작용하게 될 것이 분명하다.

거래소의 장내 거래 시스템을 통하여 지표물 위주로 일부 채권들을 Trading할 수 있고 그 장내 거래량도 점진적으로 증가하고는 있지만 글로벌 스탠다드가 장외 거래인 채권 거래의 특성상 트레이딩 플랫폼을 이용한 거래의 활성화는 더 많은 시간이 필요할 것이라 생각된다. 채권 딜러 이외의 기관 투자자들은 주식, 선물 및 옵션 등 장내 파생상품, 외환 등은 자체 HTS나 각 브로커들이 제공하는 HTS를 사용하여 거래하고 있다. 일부 기관 투자자들은 통신사나 증권 유관기관의 금융 정보 통신단말기, 각종 메신저, Trading 전략상 필요한 경우 자체 개발했거나 금융 IT 회사에 의뢰하여 개발한 Trading 소프트웨어를 탑재한 트레이딩 플랫폼을 사용하고 있다.

우리나라의 다양한 트레이딩 플랫폼들은 안전성, 기능성, 편리성에 있어서 IT 강국답게 세계 최고의 수준에 이르고 있으니 개인 투자자들도 기관 투자자들에 비하여 부족함이 없는 투자 환경을 갖추고 있다고

봐도 무방할 것이다.

좋은 Trading 도구를 어떻게 활용할 것인가는 Trader의 몫이니만큼 트레이딩 플랫폼의 기능들 중 본인의 Trading 전략에 필요한 것들을 선택하여 숙지할 필요가 있다. 특히, 주문 실수로 인한 손실을 미연에 방지할 수 있는 수량이나 가격 제한의 필터 기능 등을 우선적으로 검토해야 한다.

트레이딩 플랫폼의 화면 구성을 자신의 Trading 전략에 맞게 적절히 배치하여 놓는 것은 낯설지 않은 Trading 환경을 구축한다는 점에서 간과되어서는 안될 중요한 요소이다.

자신과 유사한 Trading 전략을 사용하는 Trader들의 트레이딩 플랫폼의 주문창 구성이 어떻게 되어 있는지를 검색하여 참고하는 것도 도움이 되리라 생각된다.

07 Trading의 주문(Order)

주문의 종류

장외 거래가 활성화되어 있는 채권 시장을 제외하면 Trader들은 거의 모든 시장에서 트레이딩 플랫폼을 이용하여 직접 주문을 접수시켜 Trading을 영위하고 있다.

주문의 종류 중 시장가 주문(Market Order), 가격지정가 주문(Limit Order), 가격역지정가 주문(Stop Oder) 등이 일반적으로 많이 사용되고 있는데 각 주문의 특성을 정확히 알고 시장 상황에 맞게 사용하는 지혜가 필요하다.

주문 속도와 체결 여부가 중요한 기회포착거래자(Opportunist)나 당일 장중 Trading(Intra Day Trading)을 하는 스캘퍼(Scalper) 등의 단기 Trader들의 경우 시장 진입시나 익절, 손절시 상대적으로 시장가 주문의 사용 빈도가 높다.

중장기 Trading(Position Trading, Overnight Trading)을 하는 경우 어떠한 주문을 사용하는가는 그리 중요한 요소가 되지는 않을 것이지만 손절시에는 포지션에 미련을 남기지 않기 위해 시장가 주문이나 역지정가 주문을 사용하는 경우도 많이 있다.

역지정가 주문은 손절시에만 사용할 수 있는 것은 아니고 익절시에도 이익보존스톱(Trailing Stop) 등으로 사용할 수 있는데 시장 변동성 증가가 예측되는 금융통화위원회와 같은 이벤트가 있는 날이나 암호화폐와 같이 변동성이 심한 상품에 대해서는 트레이딩 플랫폼을 통하여 역시장가 주문을 미리 접수시켜 놓는 습관을 들이는 것도 중요하다.

주식 토론방에서 "형님들 제가 샀으니 가격이 빠질 겁니다. 조심하세요"라는 웃지 못할 댓글을 본 적이 있다. 아마도 지정가로 사자 주문을 접수하고 있다가 체결되었나본데 이는 정확히 표현하면 사진 거지 본인이 산 것은 아니다.

시장 가격은 관성의 법칙이 있어 오를 때 조금 더 오르고 빠질 때 조금 더 빠지는 것이 일반적이니 미리 접수한 사자 (팔자) 주문 가격이 체결되었다는 것은 매도세 (매수세)가 있다는 것이고 특정 상황에서 체결된 주문 가격이 그 특정 상황에서의 정확한 최저 (최고) 가격일 가능성은 매우 희박하므로 "내가 사기만 하면 가격이 내리고 팔기만 하면 가격이 오르네"라는 멘트가 주식 시장에서 흔히 나오는 것은 어쩌면 당연한 것일 수 있다. 위와 같은 사례를 피하기 위해서 장 종료시의 동시호가를 이용하는 것도 한 방법이 될 수 있을 것이다.

테크니컬 분석에 기초해 장기 추세 추종 Trading을 하는 모 주식 Trader는 장중 특정 주식에 대한 사자 시그널(Buy Sinal)이 나와도 항상 장종료시 동시호가를 이용하여 주식을 사면서 포지션을 구축하곤 한다.

장중 사자 시그널이 나왔을 때의 주가보다 때로는 더 싼 가격에 사게도 되고 더 비싼 가격에 사게도 되는데 장기 Trading에서 몇 틱의 가격 차이는 대세에 영향을 주는 중요한 요소가 아니며, 싸게 사면 싸게 샀으니 좋고 설령 비싸게 산 경우도 추세 추종 기법상 가격의 상향 추세를 확인하였다는 의미가 있다고 설명한다. 이와 같이 주식 Trading시 많은 Trader들이 개장시와 폐장시의 동시호가를 사용하는 빈도가 높다는 점도 참고해볼 필요가 있다.

주문 실수

돈이 거래되는 금융 시장에서는 다양한 금융 사고가 끊임없이 발생되고 있다. 악의적인 의도로 계획된 사기 사건들도 있고 돈을 쫓다가 Trading에 실패하여 발생하는 사고도 있다. 또한 알게 모르게 주문 실수에 의한 사고들도 심심치 않게 발생하고 있다.

프랍 Trader 중에는 손실 한도 초과로 인하여 시장을 떠나는 Trader들을 많이 볼 수 있는데 개중에는 한순간의 주문 실수로 인하여 그야말로 공든 탑이 무너지는 고통을 안고 사라지는 Trader들도 있다.

1998년 러시아의 국가채무이행유예(Moratorium) 당시 러시아 국채를 다량 보유했다 1,200억달러 손실을 봄으로써 세계 금융 시장을 휘청이게 하고 문을 닫은 LTCM(Long Term Capital Management)은 '천재들의 실패'라고 명명되며 아직까지도 관련 서적들이 꾸준히 읽히며 Trading의 실패가 어떤 결과를 가져올 수 있는지에 대한 경종을 울려주고 있다. LTCM처럼 Trading 전략에 의해 실패한 경우는 그래도 주문 실수로 인한 실패에 비하면 덜 억울할 수도 있다는 생각을 해본다.

Trading을 하다 보면 한순간의 부주의로 사자 팔자를 거꾸로 내고 가격이나 수량을 잘못 입력하는 실수를 누구나 하게 된다.

어느 정도의 유동성이 확보된 시장이라면 사자 팔자를 거꾸로 내는 것이나 가격을 잘못 입력하는 것은 재기 불능의 손실로 이어지지 않는 경우가 대부분이나, 주문 수량의 실수는 각별한 주의를 요한다. 주문 실수들을 방지하기 위해서 HTS나 MTS의 주문 실수 방지를 위한 기능들을 항시 작동시켜 놓아야 하며 특히 최대 주문 가능 수량을 지정하여 원하지 않는 큰 사고를 미연에 방지할 수 있도록 하는 장치를 마련해 놓는 것의 중요함은 아무리 강조해도 지나치지 않을 것이다.

국내 시장 특히 선물, 옵션 파생상품 시장에서도 착오 매매라 불리우는 수많은 주문 실수로 인한 사고가 발생한 바 있다.

2019년 2월 달러선물 한월간 스프레드(Spread)거래에서 모 증권사 직원이 장 시작과 동시에 자동으로 나가게 되는 예약 주문으로 80전(0.8원)에 사자를 내야 하는 주문 15,000계약을 100배 높은 가격인 80원에 접수시키는 실수를 함으로써 약 120억원의 손실을 보게 되었다. 미리 접수해 놓은 여러 시장 참가자들의 팔자 주문(Offer)들로부터 약 50억원의 이익이 발생하였고, 모든 팔자 주문을 체결시키고 올라와 80원에 접수되어 버린 사자 주문(Bid)을 필자팀의 Trader가 전량 체결시켜 1분만에 약 70억 이상의 수익을 올리게 되었다.

이는 당일 지상파 9시 뉴스에도 '직원 실수로 1분만에 120억 날려'라며 보도됐던 당시로서는 제법 굵직한 착오 매매 사건이었다.

금융 기관의 주문 실수는 그 회사의 주가나 평판(Reputation)에 악 영향을 주기 때문에 쉬쉬하곤 하지만 Trader들의 메신저 등을 통한 정보 교류로 실수한 회사와 이로 인하여 수익을 챙긴 회사가 알려지곤 한다.

어쨌든 필자의 팀은 하루 아침에 예상치 못한 큰 수익을 올리게 되었는데, 당시 주문 실수한 증권사가 주문 실수 보험을 가입해 놓았던 모 손해보험사와 '주문 실수로 인한 부당 이익 반환 요구'라는 소송을 항소 상고의 과정을 거치며 수년에 걸쳐 치뤄야 했다.

일견 불특정 다수가 참여하는 거래소 시장의 특성상 주문 실수로부터 발생한 이익을 돌려 줄 법적 책임이 없다고 알려져 있었으나 이 경우 법원의 최종 판단은 달랐다. 전체 손실 금액 120억원 중 미리 접수한 팔자 주문에서 발생한 손실 50억원을 제외하고, 80원의 잘못된 가격의 사자 주문을 보고 체결시켜 이익을 발생시킨 필자팀의 이익금 약 70억원을 반환하라는 최종 판결을 받고 이를 돌려주고 소송을 마무리한 경험이 있다.

당시 80원의 잘못된 사자 주문 가격을 인지하고 체결시켜 수익을 만든 거래 상대방이 필자팀 하나뿐이었기에 불특정 다수가 거래하는 거래소 시장임에도 불구하고 공교롭게도 관련 당사자가 주문 실수를 범한 증권사와 필자 회사로 일대일 대응이 된것이 최종 법원 판결의 한 배경이었다고 추측된다.

거래 상대방과의 일대일 거래가 다수인 장외(OTC) 시장과는 달리 거래소 시장에서의 주문 실수는 대부분 거래 상대방들 간의 함수 관계가 일대다 대응이 되는 관계로 주문을 실수한 당사자가 거의 모든 손실을 떠안게 될 가능성이 높은 것이 일반적이므로 각별한 주의가 요구된다.

그외에도 소위 팻핑거(Fat Finger)라고 불리우는 주문 입력 실수는 심심치 않게 발생하곤 하였다.

2013년 1월 코스피200 선물 시장에서 팻핑거 주문 실수로 약 34,000계약이 체결되어 홍콩계 헤지펀드로부터 약 190억원 추정 손실이 발생하였고, 2013년 6월에는 약 3,200계약이 체결되어 국내 모 증권사의 약 110억원 추정 손실이 발생하였다.

2013년 12월 코스피200 선물옵션 시장에서 알고리즘 옵션 거래의 주문 실수로 1분만에 약 38,000계약이 체결되어 국내 모 증권사의 약 460억원 추정 손실이 발생하였고 결국 해당 증권사는 파산하여 문을 닫는 일까지 발생하게 되었다. 개인적으로는 함께 근무했던 전 직장 동료들이 만들고 일해 오던 회사였기에 당시 필자의 충격과 안타까움은 무척 컸었다.

우리나라 외환 시장과 같이 일정 가격 이상의 착오 매매 발생시 관련 시장 참가자들의 합의로 관련 매매 자체를 일괄 취소해 주는 관례를 가지고 있는 시장도 존재하나 이러한 거래 취소의 경우는 대부분의 시장에서는 통용되지 않는 것이 일반적이다.

각 금융 기관들의 착오 매매를 방지하기 위한 전산상의 필터링 시스템 구축 노력과 금융 감독 당국의 파생상품 시장 업무 규정과 시행세칙의 변경 노력 등으로 착오 매매는 많이 감소하고 있는 듯해서 그나마 다행이라고 생각된다.

한편으로는 국내외 다수의 금융 기관들이 누군가의 주문 실수 발생시 자동으로 주문이 접수되고 체결시켜 이익을 챙기는 시스템도 보유하고 있으므로, 일단 주문 실수를 본인이 인지하는 순간 일괄 주문 취소나 직전 주문 취소의 단축키를 누를 겨를도 없게 눈 깜빡할 새에 착오 주문들이 체결될테니 Trader들은 물론 브로커 등 모든 시장 참가자들은 주문 처리시 각별한 주의를 기울여야 할 것이다.

08
시장의 세 숫자

가격

직장인이 된 이후로 어쩌면 글자보다 숫자를 더 많이 보며 지내온 듯하다. Trading은 누가 무어라 해도 숫자 놀음이며 그 중심엔 가격이 존재한다.

Trading에 있어서 가격의 중요성은 아무리 강조되어도 지나치지 않다. 물론 필자는 가격보다 더 중요한 또 하나의 숫자가 시장에 존재한다고 믿고 있다. 그 또 하나의 숫자에 대한 이야기는 이 다음에 다루어 볼까 한다.

가격이 가지는 특성 중 한 가지는 가격은 민주적이지 않다는 것이다. 민주주의의 한 축이라 할 수 있는 다수결의 원칙과는 상관이 없다는 뜻이다. 100원짜리 주식을 한 주씩 사는 10명보다 그 주식을 10,000주 파는 한 명에 의해 결정되는 것이 시장 가격이다. 즉, 가격의

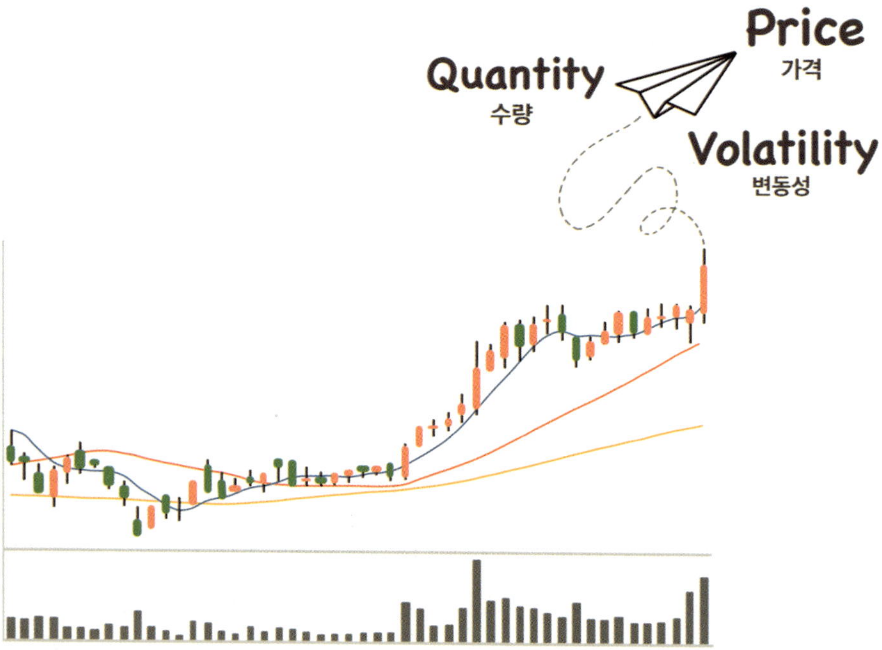
Quantity
수량
Price
가격
Volatility
변동성

발견에는 힘의 논리가 존재한다는 것이고 좋은 Trader가 되기 위해서는 시장의 힘의 논리를 파악하고 힘센 시장 참가자의 가격 발견에 동참하는 것이 유리하다.

많은 Trader들이 가격과 관련하여 실패하는 원인은 여러 가지가 있겠지만 크게 두 가지 원인이 있다고 생각된다.

가격과 관련한 첫 번째 실패의 원인은 가격을 이론적으로 예측하려고 하는데서 온다. 가격은 어떠한 분석 도구를 이용해도 정확히 예측할 수 없는 것이다. 지난 2020년 4월 코로나바이러스 탓에 원유선물 가격이 초유의 －$37에 거래되어진 적이 있다. 당시 상품 선물 가격이 마이너스(－)가 될 수 없다고 예측했던 많은 Trader들의 매수 포지션(Long Position)이 반대매매(Liqidation)되었고, 가격을 교과서적으로 판단했던 수많은 Trader들은 엄청난 손실을 감수하고 손절매를 하며 포지션을 정리할 수밖에 없었다.

당시 국내외 다수의 금융 기관들의 HTS가 마이너스 가격을 인식 못해 한바탕 난리가 나기도 하였다. 물론 원유선물의 인수도 특성상 단기간에 발생한 일이긴 하여도 해외선물 거래에 익숙한 필자도 상품 선물의 가격이 마이너스가 될 수도 있다는 것은 상상도 못 했었다. 이 사례와 같이 우리가 이론적으로 예측 불가능한 가격이 현실에는 존재할 수 있기에 모든 가능성을 열어 두고 시장의 움직임에 대응해가는 것이 중요하다.

가격과 관련한 두 번째 실패의 원인은 가격을 인정하지 못하는 데서 발생한다. 착오 매매 상황이 아닌 이상 가격은 수급 상황 포함 모든 변수들을 반영하고 있다고 인정하고 지금 시장에서 거래되고 있는 가격이 유일한 정답이라는 생각을 가져야 한다. 그렇지 않고 자신의 포지션에 불리한 시장 상황이나 뉴스를 무시하고 지금 가격이 고평가 혹은 저평가되어 있다고 고집을 부리다가는 곤혹스러운 상황으로 내몰릴 수 있다. 세계적으로 장·단기 금리의 역전이나 마이너스 금리의 발생 초기에 수많은 채권 Trader들이 당시 가격을 인정하지 않고 베팅하였다가 호되게 수업료를 지불한 바가 있다. 10년 전 +3.0%가 넘었던 독일 국채 10년 만기 Bund 금리는 최근 상승하였음에도 불구하고 아직도 −0.20% 부근에서 거래되고 있다. 우리나라만의 특성상 시장 가격에 코리아 디스카운트(Korea Discount)나 김치 프리미엄(Kimchi Premium) 등이 반영되어 있는 경우도 있으니 이 또한 인정하고 Trading에 임해야 할 것이다.

설령 특정 상품의 최고가나 최저가를 맞혔다 하여도 실제 Trading 수익으로 연결되지 않는 경우가 많을 수 있음도 인지하고 있어야 할 것이다. Trading은 가격 맞히기 게임이 아니다. 가격을 맞추어야만 Trading으로 수익을 올릴 수 있다라는 생각을 버리자.

절대 다수의 성공한 Trader들은 가격을 맞추어야만 돈을 벌 수 있다고 생각하지도 않고, 가격을 맞힐려는 노력조차 하지 않으며, 가격을 맞힐 수 있다는 생각조차 하지 않는 사람들이다. 다만 가격을 따라가며 시장 상황에 적절히 대응하고 있는 것이다.

결론적으로 지금 거래되는 가격이 정답이며 섣불리 자신만의 잣대로 가격을 예단하는 우를 범하지 않기를 바래본다.

수량

앞서 가격보다 더 중요한 또 하나의 숫자가 시장에 존재한다고 언급한 바 있다. 필자가 생각하는 그 숫자는 바로 거래 수량이다.

대다수의 Trader들은 어느 가격에 사고 팔 것인가를 다양한 분석과 고민을 통하여 신중히 결정하고 있으나, Trader들이 실패하는 대부분의 이유는 어떤 가격에 매매했는가보다는 자신의 위험을 초과하는 수량을 거래했을 때 발생하는 경우가 훨씬 많은데도 불구하고 정작 Trading의 위험 관리와 직결되어 결국 Trading의 성패를 결정짓는 요소인 수량에 대한 연구는 게을리 하는 경향이 많다.

이해하기 쉽게 주식을 예를 들어 설명해보면 특정 주식을 매입할 때 50,000원에 살까 51,000원에 살까 하는 어쩌면 대세에 큰 지장이 없는 고민들은 많이 하지만 그 주식을 몇 주 살까 하는 의사 결정은 특별한 고민없이 자신의 자금 사정에 따라 한 100주 사볼까 하며 대충대충 결정하곤 한다.

Trading의 궁극적인 실적은 어떤 가격에 사고 팔았느냐가 아닌 몇 개의 수량으로 거래했느냐에 달려 있다고 해도 과언은 아니다. 같은 가격의 A와 B 두 가지 주식을 거래할 경우 A주식 한 주로 50% 손실을 보았어도 B주식 열주로 10%의 이익을 보았다면 투자는 성공이라고 할 수 있다.

뛰어난 중장기 주식 Trader들은 자신의 포트폴리오에 편입시킬 주식을 일단 결정하면 전체 포트폴리오의 몇 %를 매입할 것인가를 고민하고 결정한다. 특정 주식을 투자 자산의 5%만큼 편입하겠다고 입력하면 그에 해당하는 수량의 주식이 자동으로 시장에서 매입되며,

그 이후로도 해당 주식의 포트폴리오 편입 비율이 전체 펀드 자산 규모와 수익 변동에 따라 자동으로 매입 매도가 발생하게 되어 포트폴리오 비율을 유지시키는 시스템도 보유하고 있다. 해당 주식의 편입 비율을 상향하거나 하향함에 따라 적정 수량의 매수 매도 주문이 자동으로 시장에서 집행되게 됨은 물론이다.

Trading 수량은 본인의 위험선호도에 의하여 결정되는 것이지만 기본적으로 시장 가격의 변동성에 기초하여 결정되어져야 한다. 1,000만원의 투자 자산을 가진 투자자가 현금보유 없이 자신의 주식 포트폴리오에 상호 관련성이 0인 5개의 주식을 같은 위험도로 편입시키고자 한다고 가정할 경우 일견 200만원어치씩 그 5개의 주식을 매입하면 된다고 생각하기 쉽지만, 일정 기간의 최고가와 최저가에 기초한 평균 변동폭이 10%인 주식과 5%의 주식을 같은 금액만큼 매입하는 것은 분명히 잘못된 것이다. 변동성이 높은 주식은 적은 수량 보유하고 변동성이 낮은 주식은 상대적으로 많은 수량 보유하는 것이 위험을 적절히 분산시키는 중요한 방법이라 하겠다.

혹자는 흔히 Trading을 예술(Art)에 비교하여 말하곤 한다. 이때 말하는 Trading의 예술이란 매수 매도 가격을 포착하는 기술을 의미하기도 하지만 더 나아가 자신의 위험선호도 및 투자 전략에 맞는 거래 수량을 조절하는 위험 관리 방법을 의미한다.

결론적으로 어떤 시장에서 어떤 위험 선호도를 가지고 어떤 투자 전략을 사용하여 Trading을 하든 시장에 가격으로 대응하기보다는 수량으로 대응한다는 자세를 가지고 이에 대한 연구와 노력을 해 나간다면 분명히 한 단계 성장한 Trading을 할 수 있게 될 것이다. 시장 가격은 내 마음대로 결정할 수 없지만 거래 수량은 내 마음대로 결정할 수 있다는 사실을 백분 활용해보자.

변동성

시장에는 일정 기간의 값이기에 직접 관찰할 수 없는 숨겨져 있는 또 하나의 숫자가 존재하고 있으니 그것은 바로 변동성이다.

수학 전공자들에게는 익숙한 통계학적 지표들이 사용되기에 일반 Trader들이 변동성을 깊게 이해하는 것은 어려울 수 있으나 기본적인 변동성의 개념만이라도 알고 있는 것은 Trading에 도움을 주는 윤활유와 같은 역할을 할 수 있을 것으로 생각된다.

특정 기간 중 가격 움직임의 정도를 의미하는 변동성은 사실상 시장 위험도를 대변해 주고 있다. 내재 변동성과 역사적 변동성 두 가지가 대표적으로 활용되고 있는데 내재 변동성은 미래 변동성을 추정하는데 유용한 지표로 사용되며, 과거 변동성 계산치인 역사적 변동성은 다른 투자 상품이나 지수 상품과 동일 기간 비교를 하는데 빈번히 사용되고 있다.

특히 옵션 Trading은 결국 변동성을 매매하는 것이므로 옵션 Trader가 되려면 이러한 변동성에 대한 충분한 이해를 필요로 한다. 계량적 분석을 기초로 Trading하는 퀀트(Quant) Trader들의 영역이라 할 수 있는 감마 트레이딩(Gamma Trading)은 내재 변동성과 역사적 변동성의 차이를 이용하여 수익을 창출하는 것으로 델타헤지(Delta Hedge)를 통하여 가격의 방향성과 무관하게 변동성에 의해 Trading 손익이 결정되어 지게 된다. 참고로 델타(Delta)란 기초 자산 변화에 따른 파생상품 자산 변화의 민감도를 의미하는데 델타를 0으로 만드는 델타헤지시

기초 자산 가격의 변화와 상관없이 포트폴리오 가치는 변동되지 않게 됨을 의미한다.

변동성과 관련하여 공포 지수라 불리우는 CBOE(Chicago Board Options Exchange)의 VIX에 대한 내용을 언급하지 않을 수 없다. 문자 그대로 변동성 지수(Volatility Index)인 VIX는 미국 주식 시장의 모든 Trader가 실시간으로 주시하고 있는 지표 중 하나로 S&P500 지수 옵션의 향후 30일간의 시장 기대치를 반영하고 있다. VIX가 20이라 하면 향후 30일간 S&P 지수옵션 가격이 20% 변동할 수 있다고 시장이 예측하고 있음을 의미한다. 옵션을 이용한 위험 회피 수요가 많아지면 옵션 가격 상승에 따라 VIX가 상승하고 이는 통상적으로 주식 시장의 약세를 불러 일으키게 된다. 실제로 미국의 주식 Trader들은 일정값 이상의 VIX 상승시 VIX를 통하여 자신의 주식 현물 포지션을 헤징하거나 현금 보유 비중을 늘리고, 일정값 이하의 VIX에서는 주식 현물 포지션을 늘려가는 전략을 빈번히 사용하고 있다.

변동성이 높아지는 시장 상황에서 역발상 투자를 하여 성공한 사례들도 많이 있으나, 추세를 따라가는 투자 전략을 기본으로 하는 Trader들의 경우 지나치게 높아진 시장 변동성하에서는 아무 것도 하지 않는 것도 때로는 최선이 될 수도 있다.

결론적으로 가격 변동성이 높을 때는 거래 수량을 줄이고 가격 변동성이 낮을 때는 거래 수량을 늘리는 등 위험 관리의 지표로 변동성을 활용한다면 Trading시 위험 관리에 적지 않은 도움을 줄 수 있을 것이니 변동성에 대한 이해도를 높이는 노력을 기울이기를 당부해본다.

09 시장 참가자

거래 비용이 없다고 가정하면 제로섬게임(Zero Sum Game)이 되는 선물시장은 물론이고 제로섬게임이 아닌 여타 시장에서도 시장 참가자들은 내 포지션의 방향에 따라 때로는 아군으로 때로는 적군으로 변모하여 활동하게 되니 시장은 피아(彼我)가 구별되지 않는 전쟁터와 같다는 생각이 들 때가 있다.

물론 Trading은 시장 참가자들과의 싸움이 아닌 Trader 본인과 시장의 싸움으로 정의하는 것이 바람직하기에 특정 기관 투자자들이나 외국인 투자자들에 대하여 지나친 반감을 갖지 않아야 냉정하게 시장에 대응할 수 있을 것이다.

손자병법에 "적을 알고 나를 알면 백번 싸워도 위태로움이 없다"라는 뜻의 지피지기 백전불태(知彼知己 百戰不殆)라는 구절처럼 시장 참가자들에 대한 전반적인 이해는 필요하다. 특히 외국인, 기관, 개인으로 대변되는 시장 참가자들의 투자자별 매매 동향을 파악하는 것은 어느 시장에서나 가치있는 정보의 하나로 인식되어 활용되고 있다.

다양한 시장 참가자들이 거래하고 있다면 투자 가치가 있다는 반증이 될 것이고 특정 시점에서 유동성 부족 현상도 심하지 않을 것이기에 개별 주식의 경우도 외국인과 기관이 거래하고 있는 주식을 투자 대상으로 하는 것이 좋을 것이다.

어느 시장에서나 시장 참가자로서의 개인은 기관이나 외국인에 비하여 자금력, 정보력, 분석력에서 비교 열위임을 부정할 수 없다. 또한 비용상, 제도상, 전략상의 측면에서도 기울어진 운동장에서 줄다리기를 할 수밖에 없는 것이 현실이다.

주식 시장의 예만 보아도 MTS 등의 이용으로 그 격차가 현격히 줄었다고는 하지만 개인 투자자들과 기관 투자자들 간 거래 비용의 차이가 존재한다.

제도상 개인 투자자들의 참여가 어려운 외환 현물 시장과 채권 현물 시장도 존재하고 있다. 주식 시장의 경우도 공매도의 여러 가지 순기능을 인정한다 하여도 공매도 제도나 IPO 시장 참여는 개인 투자자들에게는 불리한 조건임은 사실일 것이다.

Trading 전략상으로도 개인 투자자들의 Trading 영역이 아닌 경우도 많이 있으니 숙련된 Trader, Trading 소프트웨어, 트레이딩 플랫폼의 속도와 안전성, 자금력, 최소의 거래비용 등이 요구되어지는 고빈도 거래, 가격의 방향성과 무관하게 수익을 올릴 수 있는 거래들, 다양한 파생상품들과 현물상품들 간의 차익거래 등이 그러한 예가 된다고 하겠다.

이렇듯 외국인 투자자들이나 기관 투자자들에 비해 열악한 조건이지만 최근 몇년 사이 주식 시장에서 개인 투자자들의 비중이 늘고 있으며 이에 따라 시장 영향력도 증가하고 있는 점은 매우 고무적이라 생각된다.

고도의 전략과 축적된 경험으로 중무장한 외국인이나 기관 투자자들 못지않게 세련되고 열정적인 Trading을 하는 개인 투자자들의 지속적인 등장은 금융 시장 발전의 또 하나의 밑거름이 될 것임을 확신한다.

10

단기와 중·장기 Trading

필자는 운용 상품 및 전략에 따라 중·장기 Trading에서 단기 Trading으로 Trading 스타일을 변경한 Trader에 해당되며, 필자와는 반대로 Trading 전략을 중·장기로 교체한 Trader들의 경우도 많이 있다.

일반적으로 Trading 포지션의 잔존 기간을 기준으로 하여 수개월 미만을 단기 Trading, 수개월에서 1년 미만을 중기 Trading, 1년 이상을 장기 Trading으로 분류하곤 하지만, Trader에 따라서는 3년 미만으로 포지션이 유지되는 모든 거래를 단기 Trading이라 부르기도 하는 등 단기와 중·장기 Trading을 구분하는 명확한 기간 기준이 있는 것은 아니다.

마이크로파(Microwave)로 1/1000초(Millisecond)를 다투며 자동 주문 체결 시스템을 이용하는 고빈도매매(High Frequency Trading)와 수초 내로 포지션의 방향이 뒤바뀌기기도 하는 장중매매(Intraday Trading)

기법인 스캘핑(Scalping)이 데이 Trading(Day Trading)이라고도 불리우는 대표적인 단기 Trading 기법들이라 할 수 있다.

수주일 정도까지만 포지션을 유지하는 스윙 Trading(Swing Trading)과 수개월 미만의 포지션을 유지하는 Trading들까지가 통상적으로 단기 Trading이라 일컬어진다.

단기 Trading시 Trader에 따라서는 상대적으로 짧은 시간에 많은 수량을 거래하여 수익을 창출하는 Trading 전략을 사용하는 경우도 있으며, 장중 변동성이 높은 코스피200 선물을 전문적으로 Trading하는 프랍 Trader들도 대부분 장중매매(Intraday Trading)만을 하고 있음에도 주목할 필요가 있다.

특정 시장 활성화를 목표로 하는 시장 조성자(Market Maker)들의 경우 양방향의 사자팔자 호가를 시장에 제출하며 단기 Trading 기법을 이용하여 시장 조성을 영위하고 있다.

필자는 개인적으로 암호화폐보다는 채굴 화폐(Crypto Currency)란 용어를 선호하는데 비트코인(Bitcoin) 등 채굴 화폐의 가격 변동성이 주는 매력을 고려하여 볼 때 단기 Trading 전략을 쓰는 것이 적당하지 않을까 하는 생각을 해본다. 다만 채굴 화폐 Trading과 관련하여서는 각국 중앙은행들도 중앙은행 디지털 화폐 CBDC(Central Bank Digital Currency) 개발을 고심중이니 투자 자산으로서의 가치 및 안전성 등과 관련하여 다양한 채굴 화폐 중 어떤 것을 어느 거래소를 통하여 Trading할 것인가를 신중히 고려 후에 선택할 필요가 있다고 생각된다.

아래의 표는 단기 Trading과 중 · 장기 Trading의 특성을 간단히 비교한 것으로 Trading 규칙을 세우는데 도움을 줄 수 있을 것이다.

단기 Trading	중 · 장기 Trading
변동성 큰 소수의 시장에 집중	변동성이 작은 복수의 시장에 집중
집중력, 순발력 중요	분석력, 지구력 중요
소수 시장에 대한 특성 등 깊이 있는 리서치 필요(관련 지표 및 뉴스에 집중)	시장 전체 및 섹터별 폭넓은 리서치 필요
Trader의 기술적 숙련도와 개별 Trading 승률(Hit Ratio)이 수익에 미치는 영향 큼	Trader의 기술적 숙련도 및 개별 Trading 승률(Hit Ratio)이 수익에 미치는 영향 크지 않음
일반적으로 펀더멘털, 테크니컬 분석 효과가 낮음	일반적으로 펀더멘털, 테크니컬 분석 효과가 높음
분산 투자 효과 낮음	분산 투자 효과 높음
리스크 관리 전략에 따라 거래별 수량은 거의 일정하게 정해짐	리스크 관리 전략에 따라 거래별 수량의 변동이 많음
거래 비용 지출이 많음	거래 비용 지출이 적음
가격의 큰 추세 포착과 수익 창출 연관성 낮음	가격의 큰 추세 포착과 수익 창출 연관성 높음

Trading시 포지션 유지 기간 자체는 위험도와 직접적인 상관이 없기에 단기 Trading이 중 · 장기 Trading에 비하여 위험도가 낮을 것이라는 선입견을 우선 버려야 한다.

위의 표는 단기 Trading과 중 · 장기 Trading을 일반화시켜 상대 비교한 것이니만큼 중 · 장기 Trading이 단기 Trading에 비하여 항상 분산 투자 효과가 높고 거래 비용 지출이 적을 것이라는 오해는 하지 않기를 바란다.

물론 코스피200 선물 가격과 개별 주식 바스켓을 이용하는 베이시스(Basis) 거래, 국채 현물과 선물 간 베이시스 거래, 가격 상관성이 높은 두개의 상품을 반대 포지션을 취해 거래하는 스프레드(Spread)

거래나 페어 트레이딩(Pair Trading) 등은 그 베이시스나 가격이 목표로 한 범위내에 들어와야 반대 매매를 통하여 거래를 종료하는 것이 일반적이다. 그러므로 그 관련 포지션이 존속할 수 있는 기간을 예측할 수 없기에 단기 혹은 중 · 장기 Trading으로 분류한다는 것이 의미가 없는 경우도 있다.

중 · 장기 Trading의 포지션이 목표 수익률을 달성했거나 시장 환경 변화에 따른 Trading 전략 수정에 따라 손절이든 익절이든 단기 Trading화 되는 것은 큰 문제는 없으나, 단기 Trading 포지션이 원치 않는 반대로의 가격 변동으로 인하여 무작정 버티기와 같이 중 · 장기 Trading 포지션으로 바뀌게 되는 경우는 위험 관리도 힘들고 기회 비용의 증가도 가져올 수 있으니 지양하는 것이 좋다고 생각된다.

본인에게 맞는 Trading 상품을 찾아내고 포지션 유지 기간을 고려한 Trading 전략을 수립하는 것도 매우 중요한 의사 결정의 하나임은 분명하다.

물론 옵션 Trading처럼 만기가 다가오며 시간 가치가 변동되는 Trading이 아니라면 Trading은 시간에 쫓기지 않고 여유를 가져야 하는 것이 원칙일 수 있을 것이다.

소위 대박의 꿈을 이뤄낸 Trader들의 대부분은 소수의 상품을 중 · 장기 Trading한 분들임도 잊어서는 안될 것이다.

11
분산 투자

"모든 달걀을 한 바구니에 담지 마라(Don't put all your eggs in one basket)"는 익숙한 투자 격언 중의 하나로 분산 투자의 중요성을 강조하고 있다.

분산 투자시 고려해야 할 점은 몇 가지가 있는데 Trader의 위험에 대한 성향이 가장 중요한 기준이라고 할 수 있다. 위험을 기꺼이 감수하려는 Trader일수록 분산 투자보다는 집중 투자에 대한 선호도가 강한 것도 사실이다.

투자 대상 상품을 분산 투자할 경우 이론적으로는 상관계수가 0에 가까운 여러 상품들에 투자하는 것이 그 효과를 극대화시킬 수 있다고 알려져 있으므로 이를 위하여서는 운용 자산의 규모도 어느 정도 이상은 되어야 할 것이다.

단기 투자를 하는 Trader에게는 투자 대상 간의 상관계수가 유의미한 결과를 가지기 어려울 가능성이 높은 관계로 분산 투자의 효과가

XYZ

희석될 가능성이 있지만, 중장기 투자자들에게 투자 대상 상품의 분산 투자는 매력적인 위험 관리 방법이 될 수 있을 것이다.

분산 투자를 원하는 중 · 장기 투자자들은 운용 상품에 맞는 상장지수형펀드 ETF(Exchange Traded Fund)와 상장지수증권 ETN(Exchange Traded Note)을 통하여서도 분산 투자 효과를 취할 수 있으며 적절한 Trading으로 운용자산의 지렛대(Leverage) 효과나 헤지 효과를 거둘 수도 있다.

인버스 ETF가 약세 주식장의 투자 대안으로 부각되며 관심을 끌고 있는데, ETF는 특정 지수에 연동되어 운용함을 목표로 만들어진 것으로 주식과 같이 거래소에 상장되어 거래가 이루어지기에 실시간으로 Trading이 가능하고 상대적으로 적은 비용으로 일반 펀드와 유사한 투자 효과를 거둘 수 있으나 레버리지(Leverage) 정도에 따라 위험 2배(2×), 위험 3배(3×) 등 ETF별로 위험도의 차이가 있음은 유의해야 한다.

ETN은 증권사에서 발행한 일종의 채권으로 상품, 채권, 주식, 통화 등 다양한 상품들을 기초하여 만들어진다. ETF처럼 거래소에 상장되어 거래가 이루어진다는 점은 동일하나 ETN의 만기 시점, 유동성 등을 고려한 적절한 Trading 기법이 요구된다.

투자 대상 지역을 분산 투자하는 것도 유용한 방법이지만 시장간 분석(Intermarket Analysis)에 의하면 최근 세계 금융 시장의 동조화가 심화되고 있어 세심한 주의를 요한다. 예를 들어 미국의 은행주를 사고 영국의 은행주를 사는 것은 투자 대상 지역의 분산 투자 효과가 반감될 가능성이 높다.

또한 필라델피아 반도체 지수에 포함되어 있는 회사들 중 20개의 주식을 선택하여 투자한 경우에 선택된 20여 개 회사들이 세계 각국에 제각기 본사를 두고 있어 투자 대상 지역과 상품을 분산 투자한 것으로 보일 수 있으나, 필라델피아 반도체 지수 내 주식들은 서로 상관계수가 높아 사실상의 집중 투자라고 볼 수 있다. 즉 주식 투자의 경우 많은 종류의 주식을 보유했다고 분산 투자를 하고 있다는 착각에 빠지는 우를 범하지 말아야 한다.

고위험 고수익(High Risk High Return)이라는 투자의 대원칙에 따르면 분산 투자로 위험을 줄이면 기대 수익도 줄어들 수밖에 없으므로, 각자의 투자 전략에 따른 적절한 위험을 감수해야 하는 것이 중요하다.

기술적 분석에 기초하여 Trading을 하지 않는 유명 주식 Trader들이 많은 종류의 주식을 보유하고 있지 않음도 주목해 볼 필요가 있으며, 또 다시 반복되는 말이지만 Trading에는 정답이 없기에 때로는 본인이 위험을 감수할 수만 있다면 집중 투자도 하나의 훌륭한 투자 전략이 될 수 있다고 판단된다.

결론적으로 적절히 위험을 분산시키려는 분산 투자의 기본 개념을 Trading에 어떻게 적용시킬 것인가는 Trader의 위험 선호도와 관련된 선택의 문제라고 판단된다.

12
온라인 정보

Trader라면 누구나 시장과 관련한 다양한 정보에 목말라 있기 마련이니 공신력 있는 언론 기관의 실시간 뉴스 외에도 온라인(On-Line)상의 여러 경로를 통하여 Trading 정보를 취득할 필요성이 증가되고 있다.

필자도 가끔 온라인상의 실시간 주식 토론방을 방문해 소위 말하는 눈팅을 하다보면 때로는 눈쌀을 찌푸리게도 되고 때로는 미소를 머금게도 되니 솔솔한 재미로 시간 가는 줄 모르고 빠져드는 경우가 있다.

주식 토론방이란 곳이 소위 안티와 찬티 간의 인신 공격에 가까운 발언들이 주를 이루고, 가격 움직임에 따라 해당 회사의 대표이사 포함 고위 임원들, Trading 관련 의견을 개진했던 유튜버나 리서처 분들의 토론방 내 위상은 지옥과 천국을 왔다갔다 하니 그분들의 고충도 보통은 아닐 듯하다.

주식 토론방을 이용함에 있어서 모든 Trading의 결과를 자신의 책임

으로 받아들이는 자세가 우선되어야 한다. 주식 Trading 참여자들을 무협지에서나 나올법한 정파와 사파의 대결인양 묘사하며 지나치게 남탓을 하며 피해 의식을 갖지 않는 것이 좋으며, 세력이니 작전이니 하는 집단에 의하여 가격이 휘둘릴 가능성이 있는 주식은 애초에 Trading하지 않는 것도 전략이 될 것이다. 물론, 주식 가격을 끌어 올린 후 자신의 주식을 대량 매도하면서 수익을 챙기는 펌프 앤드 덤프(Pump And Dump)하는 Trader도 있을 것이지만 그것도 합법적으로 이루어졌다면 Trading 전략의 하나로 인정해야 한다.

금융 선진국이라 하는 미국의 주식 토론방에서도 세계 최대 회사인 A사 주식이 'X잡주'라 불리우게 되는 것을 보면 우리나라의 토론방 문화와 큰 차이가 없음을 알게 된다. 모든 시장 참여자들이 성인군자들은 아닐 것이기에 Trading을 하면서 육두문자를 내뱉어 보지 않은 Trader가 과연 몇이나 되겠는가를 생각해보게 된다.

투자 토론방 내에서 출처도 불분명한 소문(Rumor)을 투척해 고소 고발을 당하는 토론자들도 있다고 하니 토론방의 열기가 도를 넘어 과열되는 경우도 있는 것은 분명하다.

이런 와중에도 진지하게 시장과 가격 관련 의견을 개진하고 정보를 제공하고 있는 토론자들도 다수 존재하고 있다. 투자 토론방도 합법적, 도덕적, 상식적 테두리 안에서 토론이 이루어진다면 금상첨화겠으나 특정 시장에 대한 정보나 전략 교환보다는 Trading에서 오는 건전한 스트레스 해소의 장으로 활용되고 있는 투자 토론방도 분명 그 나름의 존재 가치가 있다고 판단된다.

온라인상에는 Trading 관련 무한에 가까운 자료들이 실시간으로 제공되고 있으며 최근에는 기관 소속이든 개인 전문 유튜버든 소속에 상관없이 투자 관련 유튜버분들의 시장 영향력이 커지고 있다. 물론 관련 유튜버분들 중에는 Trader인지? 리서처인지? 혹은 브로커인지 구분이 안가는 애매한 역할을 수행하는 분들도 계시고, 때로는 현학적 자세로 자신의 홍보에 더 치중하고 있는 분들도 소수 있는 것은 사실이다. 그러나 대부분의 투자 전문 유튜버분들은 나름의 사명감과 진솔함으로 모두의 성공적인 Trading을 위해 힘을 쓰고 있음에 일반 개인 Trader들도 양질의 정보를 손쉽게 얻을 수 있게 되었다고 하겠다.

온라인상의 시장 정보 취득과 관련하여 한 가지 주의할 점은 자신의 포지션이나 투자 전략과 반대되는 의견을 개진하는 시장 참가자들의 논리도 귀를 기울여야 Trading 매너리즘(Mannerism)에 빠지는 우를 피할 수 있다는 것이다.

Trading과 관련된 정보 유통 환경은 점차로 방대해지고 투명해지고 있는 듯하다. 온라인이든 오프라인이든 출처에 상관없이 Trading에 필요한 정보의 활용은 온전히 Trader의 판단에 따른 몫임을 잊어서는 안될 것이므로 정보의 취사 선택시 신중한 판단이 요구된다 할 수 있겠다.

13
펀더멘털 분석

모든 시장 참가자들은 다양한 분석법을 통하여 Trading 수익을 추구하고 있는데 이러한 분석법들은 일반적으로 펀더멘털(Fundamental) 분석과 테크니컬(Technical) 분석으로 나누어진다.

Trading시 정치, 경제, 사회, 문화 등 다양한 분야의 동향과 변화를 파악하고 있는 것이 중요하지만 특히 경제 상황에 대해서는 지속적으로 관심을 기울일 필요가 있다.

근본, 원리라는 뜻의 단어인 펀더멘털(Fundamental)은 좁은 의미로는 한 나라의 주요 거시 경제 지표를 말하는 경제 용어로 빈번히 언급되고 있다.

펀더멘털 분석이라 함은 거시 경제학적 분석, 미시 경제학적 분석은 물론 기업 등 투자 대상 상품들의 내재 가치 분석도 포함하는 용어로 폭넓게 사용되고 있다.

소비, 투자, 저축의 집계량을 통하여 국민소득의 결정을 논하는

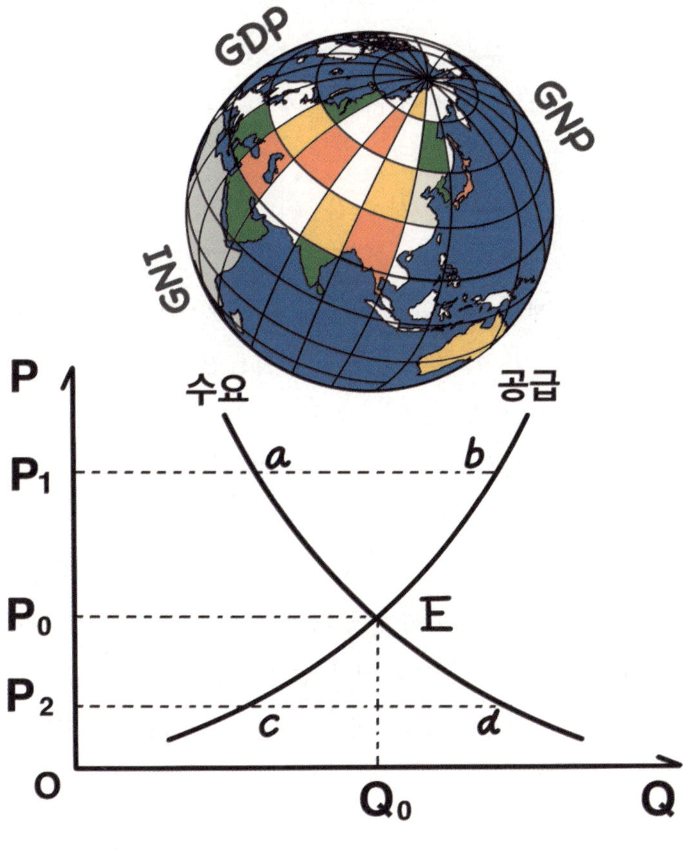
GDP
GNP
GNI
P
수요
공급
a
b
P1
P0
E
P2
c
d
O
Q0
Q

거시 경제학적 펀더멘털 분석은 국내총생산(GDP), 성장률, 물가상승률, 실업률, 경상수지, 금리, 환율 같은 거시 경제적 요소들을 다양한 글로벌 요인들과 함께 분석함으로써 Trader들에게 경제 흐름의 방향을 파악할 수 있게 해준다.

가격과 수량의 관계를 경제 주체들의 행동을 기초로 분석하는 미시 경제학적 펀더멘털 분석은 한 상품의 수요와 공급 및 이와 관련된 산업 및 섹터의 분석을 통하여 Trader들에게 개별 시장에서 수익 창출의 기회를 제공하여 주게 된다.

경제 흐름 및 동향 분석시 사용되는 기초 데이터들이 워낙 광범위하고 역동적이므로 전문 리서처들의 연구 자료를 참고하여 이해하는 것이 더 효율적인 펀더멘털 분석의 방안이 될 수 있을 것이며 실제로 다수의 Trader들이 관련 리서치 자료들을 참고하고 있다.

경제 지표, 경제 정책, 경제 이슈 등 실시간 경제 뉴스들이 가격에 미치는 영향력을 해석하는 능력을 키워나가는 노력을 하는 것이 Trader들에게는 더 효과적일 수 있다.

다수의 Trader들은 주요 지표 발표일이 명시되어 있는 트레이딩 달력(Trading Calendar)을 참고하여 국내외 경제 지표 발표를 기다리고 있으며, 하루종일 뉴스 단말기에서 눈을 떼지 않고 다양한 실시간 뉴스들이 자신이 거래하는 대상 상품 가격 변동에 미칠 파급력을 저울질하고 있다.

경제 정책의 변화를 파악하기 위하여 수많은 Trader들이 미국 연방준비제도이사회(FRB, Federal Reserve Board of Governors) 의장 등 유력 인사들의 발언에 귀를 기울이고 있으며, 국내 금융통화위원회가 열리는 날이면 대부분의 프랍 Trader들이 간단한 점심 도시락을 책상 위에 올려둔채 한국은행장의 기자 회견 내용에 집중하는 것도 같은 맥락일 것이다.

경제 펀더멘털은 어떠한 경로를 통하든 시장 가격에 반영되어 지게 되는데 시장 상황에 따라 그때그때 반영되는 속도와 정도가 다를 수 있다는 데에 주목해야 한다. 특히, 많은 투자자들이 주목하는 중요 경제지표 수치는 발표 전 시장 참가자들의 예상치와 실제 발표된 수치와의 차이가 어떠한가가 발표된 수치 자체보다 더 중요하다고 할 수 있다.

주식 시장에서 어닝 서프라이즈(Earning Surprise) 실적 발표 이후에 해당 기업의 주가가 곤두박칠치곤 하는 경우를 자주 볼 수 있는데 '소문에 사서 뉴스에 팔라'(Buy the Rumor, Sell the Fact)는 세력이 등장한 탓도 있겠지만, 발표된 기업의 실제 실적이 실적 예상치에 미달한 경우도 많이 있으니 항시 시장에 대응할 준비를 갖추어야 한다.

특히, 주식 Trading시 투자자 등 이해관계자에게 사업 내용, 재무 상황, 영업 실적 등 주가와 직결되는 주요 정보를 제공하게 되는 공시는 투자 관련 의사 결정의 중요한 정보로 이용할 수 있으나, 주가 관리를 위한 자사주 취득이나 무상 증자도 반드시 주가가 부양되는 결과만을 가져오지 않을 수 있으니 같은 내용의 공시도 기업 사정과 시장 상황에 따라 해석이 달라지니 주의를 기해야 한다.

시장이 주목하는 이슈들은 유행처럼 변화하니 이에 대한 지속적인 관심이 요구된다. IMF사태 이후 한동안은 우리나라의 외환보유고 발표에 따라 모든 금융 시장이 출렁거렸던 적이 있으나 언젠가부터는 큰 관심의 대상이 아니게 되었다. 2020년에는 코로나바이러스 확진자 수 발표에 집중하기도 하였으며, 최근에는 미국 국채 금리, 중국 증시 상황 등에 관심이 모아지고 있다.

주식, 채권, 외환, 파생상품 시장은 물론이고 아마도 암호화폐 시장까지 상호 간에 밀접한 연관성을 주고받으며 거래되고 있는바, 본인의 Trading 대상 상품과 직접적인 연관이 없어보이는 외환 시장의 쏠림을 방지하고자 하는 한국은행의 스무딩 오퍼레이션(Smoothing Opetation) 소식이나 각국 중앙은행의 금리 결정 소식 등도 간과해서는 안될 것이다.

투자 대상 상품의 내재가치 분석도 펀더멘털 분석의 주요한 부분이기에 주식 내재가치 분석에 대해서 잠깐 언급해보고자 한다.

투자 대상 기관을 직접 방문하여 기업의 주식 담당자와의 면담을 통해 기업의 투자 가치를 저울질하는 등 우량 기업을 발굴해서 중장기 투자를 하려는 주식 Trader들은 기업의 재무제표에 근거한 기업가치 분석이나 자기자본수익률(RO), 주가매출비율(PSR), 주당순이익(EPS), 주가수익비율(PER), 주가순자산비율(PBR), 세전순이익(EVITDA) 등의 지표들에 대한 기본적인 이해도를 가지고 있어야 한다. 특히, 주가란 기업의 현재 가치보다는 미래 성장성과 직접 관련이 많으므로 주가를 주당 매출액으로 나눈 주가매출비율(PSR)과 같은 성장성 지표에 주목할 필요가 있다.

물론 이러한 기업 내재가치 분석은 리서처들의 자료를 참고하는 것이 훨씬 더 효율적이라고 생각되므로 투자하고자 하는 회사 관련하여 최근 리서치 자료를 찾아 정독해볼 것을 권유한다. 믿을만한 기관의 리서치 자료를 찾아볼 수 없는 회사의 주식은 리서처분들이 기업 분석을 해볼 만한 가치를 느끼지 못한 회사일 수 있으니 중장기 투자 대상에서 일단 제외시키는 것이 원칙이다.

시장 상황에 따라 이론가격과 실제가격의 괴리는 항상 존재하기에 어떠한 분석 기법을 사용하여도 목표 주가를 정확히 예측한다는 것은 현실상 거의 불가능한데, 주가가 저평가가 아닌데 저평가로 인식하는 밸류 트랩(Value Trap)에 빠질 위험도 발생할 수도 있으니 주의를 요한다.

최근 전통적인 기업 분석 지표들로는 설명할 수 없는 기업 미래 가치에 대한 꿈과 희망을 반영하는 주가꿈비율(PDR, Price to Dream Ratio)이라는 것까지 등장하는 것을 보면 펀더멘털 분석 자체가 변하고 있다는 것을 실감하게 된다.

이윤 극대화란 기본적 기업의 목표외에도 E(Environment) 환경보호, S(Social) 사회공헌, G(Governance) 경영체제의 수준을 높이는 것도 기업의 목표로 부각되고 있음도 간과해서는 안 되는 새로운 추세일 것이다.

국내 유명 기관 소속의 주식 Trader들도 개인 투자자들의 움직임을 파악하기 위해 개인 투자자들이 즐겨보는 유튜브를 시청하고 있는 것을 보니 소위 스마트 개미의 등장과 그들의 주식 시장 영향력 증가가 반갑게 느껴지며, 투자 분석 메커니즘 자체가 변화되고 있음을 실감하게 된다.

14 테크니컬 분석

차트

과거의 가격 변화를 기초로 하는 테크니컬(Technical) 분석은 투자 대상의 가치 자체보다는 단순 가격 변동에 더 집중함에도 불구하고 수많은 Trader들이 다양한 시장에서 애용하는 보편화된 분석 도구로 자리 잡은지 오래되었다.

테크니컬 분석은 펀더멘털 분석보다 용이하게 여러개의 상품을 동시에 투자할 수 있는 기회를 제공할 수 있어 자연스럽게 분산 투자 효과를 누릴 수 있게 하는 장점도 있다.

다양한 테크니컬 분석법들은 잘쓰면 약이 되고 잘못 쓰면 독이 될수도 있으니 각각의 테크니컬 지표들의 올바른 이해와 적용을 통하여 본인의 Trading 전략에 맞게 적절히 사용한다면 성공적인 Trading을 달성하는데 있어서 유용한 도구가 될 수 있다고 판단된다.

우선 테크니컬 분석의 기본 가정부터 이해할 필요가 있다. 첫 번째 가정은 가격은 수요와 공급 등 모든 시장 정보를 반영하고 있다라는 것이고, 두 번째 가정은 과거의 가격 추세나 패턴은 다시 반복될 수 있다라는 것이다. 문제 은행식으로 출제되지 않는 것이 시장이기에 매일마다 시시각각으로 다른 움직임을 보이는 듯 하지만 테크니컬 분석가들은 가격 움직임은 지속적으로 반복되고 있다고 믿고 있다.

테크니컬 분석의 출발점은 가격 변화를 시각적으로 보여주는 차트 분석으로부터 시작된다. 예전에는 바차트(Bar Chart)가 대세를 이루었으나 최근에는 캔들스틱차트(Candlestick Chart)를 더 선호하는 경향이 있는 듯하다. 캔들스틱차트의 스타(Star), 해머(Hammer), 도지(Doji) 등과 같은 특징적인 형태의 의미 정도는 파악하고 있어야 한다.

차트 분석시 타임프레임 선택은 어떤 Trading 전략을 사용하는가에 따라 달라져야 하며 스캘퍼라 불리우는 초단타 투자자는 틱차트(Tick Chart)를 기본으로 사용하고 좀 더 긴 타임프레임의 차트들은 참고하는 정도로 이용하면 될 것이다. 중장기 Trader들은 일간이나 주간차트를 기본으로 월간차트 등 장기 타임프레임의 차트를 참고할 것을 권장한다.

자주 보는 차트는 선입견에 사로 잡혀 자신의 포지션에만 유리하게 보일 수 있으므로 때로는 차트를 180° 뒤집어서 오른쪽에서 왼쪽으로 시간이 흐르고 있다라고 가정하여 차트를 분석해보는 것도 객관성 있게 시장을 보는데 도움이 될 수 있다.

모든 시장에서는 특정 가격대에서 거래가 활성화되며 지지나 저항을 관찰할 수 있게 되는데 이때 형성되는 전저점이나 전고점을 방패막이 삼아 전저점 근처에 오면 매입하고 전고점 부근에 오면 매도하는

Trading 전략을 사용하는 Trader들도 많이 있다. 문제는 믿었던 전고점이나 전저점이 돌파될 때 반대 매매가 대량 이루어짐에 따라 더 큰 손실이 발생할 수 있으므로 전고점이나 전저점을 방패막이 삼아 매매할 경우 반드시 스톱 주문을 사용할 것을 권유한다.

저점을 잇는 상승 추세선을 지지선 삼고, 고점을 잇는 하락 추세선을 저항선 삼아 Trading을 하다가 추세선이 붕괴될 때는 발빠르게 대처해야 함도 물론이다.

만약 52주 신고가와 52주 신저가의 주식 두 개의 가격이 10,000원으로 동일한 경우 둘 중 하나의 주식을 사야만 한다면 어떤 주식을 살 것인가? 52주 신고가와 신저가가 만들어졌다면 분명 수급상의 이유가 있을 것이므로 새로운 신고가가 만들어지기를 바라며 필자라면 52주 신고가의 주식을 매입할 것이다. Trading시 희열의 순간 중 하나는 전고점이나 전저점을 뚫고 새로운 신고가나 신저가를 만들 때가 아닐까 생각된다. 채널브레이크아웃(Channel Break-Out)이나 볼린저밴드(Bollinger Band)를 적절히 사용하면 전고점이나 전저점 돌파시 효율적으로 시장에 대응할 수도 있다.

가격이 급등 혹은 급락함으로 발생하는 갭(Gap)은 언젠가는 메꾸어진다고들 말하지만 일반적으로 많은 거래량을 동반한 돌파갭(Breakaway Gap)의 발생은 분명한 재료나 원인이 있는 경우가 많으므로 새로운 강세나 약세의 전조로 인식되곤 하므로 나름 중요하다고 할 수 있다.

차트를 분석하다 보면 일정한 패턴을 형성하는 차트들을 종종 보게 되며 각각의 패턴들은 이중바닥, 깃발, 헤드앤숄더(Head And Shoulders) 등 다양한 이름으로 명명되어 회자되고 있으나 IT 기술의 발달에도 불구하고 아직은 컴퓨터로도 차트 패턴의 완성을 정확히 인식하지 못하고, 패턴 분석은 거래량과의 관계 또한 무시할 수 없는 분석법이며, Trader에 따라 귀에 걸면 귀걸이 코에 걸면 코걸이식으로 주관적으로 해석되어지는 경향이 강하니 차트 패턴 분석을 이용한 매매시 주의가 요구된다.

마켓프로파일(Market Profile)은 가격대별 시간대별 거래 현황을 횡으로 눕혀 한눈에 확인 가능케 만든 차트를 말한다. 모든 가격은 가장 빈번히 거래되는 가격을 기준으로 대칭을 이루려는 성격을 가지고 있다는 가정하에 만들어졌는데 당일의 가격 움직임이 어느 쪽으로 쏠리고 있는가를 쉽게 포착할 수 있다는 장점이 있어 단기 Trader들이 많이 사용하고 있다.

테크니컬 지표

시장 가격이 추세, 반전, 횡보의 세 가지 상태 중 어디에 위치해 있는가를 확인하고자 하는 Trader들의 노력은 다양한 테크니컬 지표들을 만들어내게 되었고 이들 지표들의 활용은 테크니컬 분석의 백미로 각광받으며 널리 사용되어 지고 있다. 투자교과서에 실려 있는 테크니컬 지표들의 효용성은 이미 검증된 것들이지만 어디까지나 보조 지표들이며 완벽한 테크니컬 지표는 존재하지 않기에 어떤 테크니컬 지표를 어떻게 자신의 Trading 전략에 적용시킬 것인가를 결정하는 것은 전적으로 Trader의 판단에 의한 것이라 할 수 있다.

테크니컬 지표들은 시장 가격의 추세 상황의 지속 여부와 그러한 추세의 강도를 파악하기 위한 것들이라고 말할 수 있다. 시장 가격의

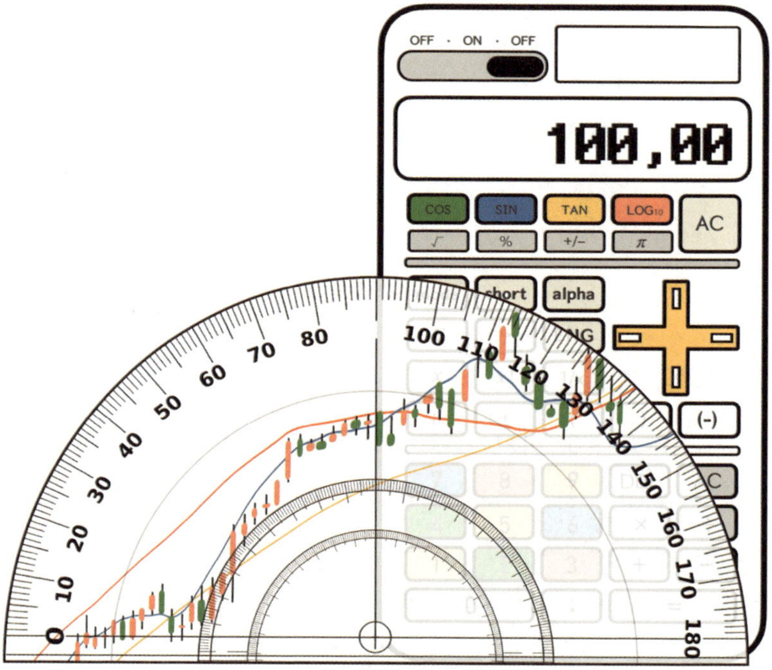
OFF · ON · OFF
100,00
COS
SIN
TAN
LOG10
AC
%
+/−
π
short
alpha
(-)
0
10
20
30
40
50
60
70
80
100
110
120
130
140
150
160
170
180

추세가 없었다면 성공한 Trader는 존재할 수 없다라고 단언할 수 있을 만큼 추세 추종(Trend Following) 투자 기법과 역추세(Countertrend) 투자 기법은 가장 보편화되고 중요한 투자 기법의 두 축이라 할 수 있다.

테크니컬 지표들과 관련된 가장 중차대한 오류는 과거의 가격 데이터를 통하여 만들어지는 테크니컬 지표들을 이용하여 미래 가격을 예측할 수 있다고 믿는 것이다. 테크니컬 지표들은 시장 가격의 예측을 위한 것이 아닌 가격 움직임의 추세 확인 보조 지표로 이해하는 것이 바람직하다고 생각된다.

혹자는 피보나치 수열(Fibonacci Sequence)의 황금비율(Golden Ratio)을 이용하여 시장 가격을 계산해보면 미래 가격을 예측할 수 있다고 하지만 수학과 교수님들이 모두 재벌이 아닌 것으로 보았을 때 그도 아닌 듯하며 실제로 피보나치 수열 분석법도 가격 예측이 아닌 추세 확장 가능성의 지표로 더 많이 사용되고 있다.

추세 상황을 파악하기 위해 가장 많이 사용되는 테크니컬 지표로는 이동평균선(Moving Average)이 있다. 지수평균, 가중평균이동평균선보다는 단순이동평균선의 활용도가 훨씬 높다고 할 수 있으며, 하나 이상의 다양한 기간의 이동평균선의 조합들을 어떻게 사용하는가에 따라서 강하고 지속적인 추세를 보이는 시장 상황하에서 막강한 위력을 발휘할 수 있다. 통상 5일–20일–60일, 9일–21일–50일 등 3개의 이동평균선을 사용하는 경우를 많이 볼 수 있으며 장기 Trader들은 50일–100일–200일 이동평균의 조합도 사용하고 있다.

오실레이터(Oscillator)라 불리는 일련의 테크니컬 지표들은 시장의 과매수 과매도 상황을 수치화하여 추세의 강도를 파악함으로써 추세가 지속되고 있는지 끝나가고 있는지를 파악하는데 이용되고 있으며 역추세 투자시 주로 이용된다. 상대강도지수(RSI, Relative Strength Index), 스토캐스틱(Stochastic), 이동평균 수렴확장 오실레이터 (MACD Oscillator, Moving Average Convergence Divergence Oscillator) 등이 대표적 오실레이터 지표들인데, 차트상 설정시에는 가장 많이 사용하는 디폴트 값을 사용할 것을 추천한다.

최초 개발자들은 각 테크니컬 지표들을 추세 추종 투자용과 역추세 투자용으로 그 쓰임새를 구분하여 만들었을 것이나 실제 Trading에 있어서는 개발자의 의도와 상관없이 역발상으로 이용되기도 한다. 즉, 역추세 투자에 많이 사용되는 스토캐스틱을 반대로 해석하여 %K가 80 이상에서 추가 매수를 %K 20 이하에서 추가 매도를 하기도 하니 결국 모든 테크니컬 지표들의 사용 방법은 일률적으로 정해진 것이 아니며 Trader의 해석과 전략에 달려 있다고 할 수 있을 것이다.

추세추종 Trader들은 톱날(Whipsaw)처럼 한 방향으로 추세없이 일정 범위 내에서 오르락 내리락하는 가격 움직임하에서는 고점에 사고 저점에 팔며 가랑비에 옷 젖듯이 반복적인 손실만을 발생시키게 되는 것이 일반적이다. 그럼에도 불구하고 '달리는 말에 올라타라'라는 투자 격언도 있듯이 추세 추종 투자 기법은 가장 신뢰할만한 투자 방법이라 단언할 수 있다. 다만 추세의 형성도 예측 불가능한 것이니 미약한 추세의 시작을 포착할려고 애를쓰기보다는 추세를 어느 정도 확인하고 강한 추세를 따라가려고 노력하는 것이 더 유리할 것이다.

끝으로 테크니컬 지표들을 이용하여 Trading하기로 결정하고 이에 기초한 Trading 규칙을 세웠다면 몇 가지 주의할 사항들이 있다.

첫째는 테크니컬 지표는 Trader에게 얼마만큼의 수량을 거래하라고 알려주지는 못하므로 거래 수량과 관련한 별도의 전략을 마련해야 한다는 것이다.

둘째는 기다림이 요구되니 특정 테크니컬 지표들이 사자 혹은 팔자 시그널을 줄 때까지 참고 기다릴줄 알아야 한다.

셋째는 단순함을 필요로 하니 소수의 테크니컬 지표만을 간단하게 조합 적용시켜야만 실제 매매시 수립한 Trading 규칙을 지킬 수 있다.

넷째는 지속성이다. 테크니컬 지표들이 안 맞는다고 사용하다 말다를 반복하면 안 쓰느니만 못하다.

시스템 트레이딩 이론

최초의 전략대로 투자했었다면 수익이 났을 것을 본인의 Trading 규칙과 무관하게 행해진 임의 Trading으로 인하여 실제 Trading의 결과는 저조한 성과로 돌아오는 경우들도 빈번히 발생한다. 반대로 Trader의 계획에 없던 순간의 직관에 의한 Trading으로도 수익이 발생하는 경우도 자주 있으나 이러한 Trading에 기초한 수익은 그 성과의 유의성 및 지속성과 관련하여 의문이 생길 수밖에 없을 것이다.

유능한 금융 기관 Trader의 이직이나 퇴사는 우수한 Trading 관련 노하우(Know-How)를 회사에 남기지 않는 채 기관의 인적 손실만으로 이어지는 경우가 대부분이었다. 이에 회사 내에 Trading 전략 및 기법들을 축적시켜 지속적으로 활용시키기 위한 기관 투자자들의 노력도 늘어가고 있다.

Trader의 임의적 판단에 의한 Trading을 최대한 배제시키고 지속적으로 유의미한 Trading 실적을 달성코자 최근 컴퓨터를 이용하여 테크니컬 지표 분석에 기초한 시스템 트레이딩(Computerized Trading System)

BUY 100 UST at 101.7656
SELL 100 UST at 101.8735
System trading

에 대한 개발 수요가 폭발적으로 증가하고 있기에 시스템 트레이딩 구축에 대한 필자의 경험을 바탕으로 그 개념과 적용에 대한 이해를 돕고자 한다.

성공적인 성과를 내고 있는 전문 선물투자자문업자인 CTA(Commodity Trading Advisor)들의 다수는 이미 1990년대 초중반부터 시스템 트레이딩을 개발하여 Trading을 하고 있었으며 필자의 회사도 이러한 시스템 트레이딩 구축을 위한 노력을 경주하기 시작하였다.

시스템 트레이딩을 완성하기 위하여는 두 개의 시스템이 필요로 하여진다. 하나는 사자 팔자 시그널(Buy Sell Signal System)을 만들어 내는 트레이딩 시스템인데 최근 이와 관련한 다양한 소프트웨어가 개발되어 상용화되고 있기에 테크니컬 지표에 대한 이해만 어느 정도 가지고 있는 Trader라면 어렵지 않게 개발해 내곤 하는 것으로 알고 있다.

다른 하나는 소위 시스템 트레이딩의 블랙박스(Black Box)라 할 수 있는 위험 관리 시스템인데 이는 기본적으로 감수할 수 있는 위험 내에서 어느 정도의 수량을 매매해야 할 것인가를 계산해내는 시스템이다. 1990년 중반 당시에도 많은 CTA들이 '사자 팔자 시그널 시스템'과 관련하여는 어느 정도까지는 자료를 공유하며 도움을 주었으나, 자신들의 '위험 관리 시스템'과 관련하여는 정보 접근을 허용치 않으려 했던 것만 보아도 그 중요성을 알 수 있다.

아직도 많은 Trader들이 사자 팔자 시그널 시스템만을 갖춘채 시스템 트레이딩으로 Trading하고 있다는 우를 범하고 있는데 Trader의 가장 중요한 의사 결정이라 할 수 있는 거래 수량에 대한 부분은 시스템화하지 않았다는 것은 Trader의 직관에 의한 Trading을 최대한 배제한다는 시스템 트레딩의 기본 전제와도 모순되는 것이니 계량화된 위험 관리 시스템 없이 단순히 사자 팔자 시그널 시스템만을 갖추고 있는 트레이딩 시스템은 시스템 트레이딩이라 말할 수 없을 것이다.

최근 우리나라 주식 시장에도 인공지능이나 테크니컬 지표에 기초하여 종목을 추천하고 사자 팔자 가격을 지정하여 주는 서비스가 있는 것으로 알고 있는데 같은 서비스를 이용하는 투자자들의 수익이나 손실 정도가 모두 다른 것은 거래 수량의 차이에서 오는 것이므로 Trader들마다 각자의 Trading 전략에 따른 위험 관리 시스템을 갖추고 있지 않을 경우 그 효용성은 그리 크지 않을 것이라 판단된다.

사자 팔자 시그널 시스템의 구축은 Trading 대상 후보 상품들의 과거 가격 데이터를 수집하여 다양한 테크니컬 지표들을 백테스팅(Back Testing)하는 것으로부터 출발하며 필자도 각종 해외선물들의 최근 10년간 일별 최근월물 가격 데이터를 구매하여 기초 자료로 삼았다. 선물가격은 만기가 돌아올 때마다 최근월물과 차근월물 간의 한월간 가격 스프레드(Spread)가 존재하므로 최근월물의 연속 가격 데이터(Continuous Price Data)를 구하려면 각 가격 데이터를 구매하는 것이 훨씬 효율적이다.

현물 주식 시장에는 만기월이라는 것이 존재하지 않으므로 가격 데이터를 수집하는 것은 상대적으로 용이하나, 각 주식별로 무상증자나 액면 분할 등 기준 가격 변동 요인 발생에 따라 데이터의 수정이 요구되어진다. 즉, 10만원에 거래되다가 5만원으로 1/2로 액면 분할된 경우 액면 분할되기 전의 주가도 액면 분할 이후의 주가로 환산시킨 가격 자료를 확보해야 한다.

각 투자 가능 상품들의 모든 과거 가격 자료를 입력시킨 후, 백테스팅용 소프트웨어를 사용하여 패턴 분석을 제외한 수치화할 수 있는 대부분의 테크니컬 지표들을 조합·변형시킨 백테스팅을 실시하면 이에 따른 각각의 과거 실적 결과를 얻어낼 수 있다. 예를 들어 20일 이동평균선과 60일 이동평균선 코로스 오버시 S&P선물 1계약 백테스팅의 결과를 일간, 월간, 연간 등 기간별 수익 금액을 알 수 있게 되고 최대 수익 기간과 동 기간 수익 금액, 최대 손실 기간과 동 기간 손실 금액 등 필요한 정보들을 그래프 등을 통하여 일목요연하게 알 수 있게 된다. 이때 탑투밸리(Top to Valley)라고 표현되는 최대 연속 손실 기간 중 손실 금액은 리스크 관리와 맞물려 중요한 기준 지표 금액으로 사용되게 된다.

시스템 트레이딩 설계

과거 10년치 가격 데이터로 백테스팅을 할 경우 기술적으로는 현재로부터 10년 전 시점을 a로, 5년 전 시점을 b로, 현재의 시점을 c로 가정한 후, a시점부터 b시점까지의 5년간을 1차로 백테스팅해보니 S&P500선물의 경우 20일 이동평균선과 60일 이동평균선의 크로스 오버가 신뢰할 만한 수익을 얻었을 경우 이를 1차 백테스팅의 결과로 확정시키게 된다. 그후, 1차 백테스팅에서 확정한 20일 이동평균선과 60일 이동평균선의 크로스 오버를 지표로 사용하고 위험 관리 시스템 상의 수량 변동을 적용하여 b시점부터 c시점을 미래라고 가정하고 2차 백테스팅을 시행한다. 2차 백테스팅에서도 탑투밸리 금액 등이 S&P500 선물에 배정예정인 위험 금액 내에 있는 등의 의미있는 결과가 도출되면 이를 확정하여 실제 Trading에 도입할 사자 팔자 시그널 시스템을 완성시키게 되는 것이다.

백테스팅시 주의할 점은 노력에 비하여 기대 성과와는 관련이 없는 소위 말하는 지나친 최적화(Over Optimization)의 오류를 범하지 않아야 한다는 것이다. 기간을 더 세분화하여 3차 4차의 백테스팅을 한다고 하여도 미래 성과에 연동되는 각 투자 대상별 최적의 테크니컬 지표들의 조합을 찾아낼 수도 없을 것이다. 또한 대상 상품들의 가격 상관 계수가 높고 동일 혹은 유사한 테크니컬 지표들을 사용하여 1차 백테스팅을 한 경우, 예를 들어 같은 농산물 선물인 콩(Soybean)은 20일과 60일 이동평균선의 크로스 오버(Cross Over)로 옥수수(Corn) 선물은 15일과 50일 이동평균선의 크로스 오버로 각각 1차 백테스팅의 결과로 확정짓는 것은 큰 유의성이 없으므로 이런 경우 한 가지의 이동평균선 크로스오버를 선택하여 콩선물과 옥수수선물의 1차 백테스팅의 결과로 선정하는 것이 바람직하다. 테크니컬 지표들별 백테스팅 결과 유사한 결과가 도출될 경우 가격 상관성이 높은 대상 상품일 경우 동일 테크니컬 지표를 단순하게 사용하여야 Trading의 원칙을 지키는데 도움이 된다.

또한 테크니컬 지표가 발생시킨 시점의 가격과 실제 시장에서의 체결 가능 가격간의 차이인 슬리피지(Slippage)는 중장기 Trading전략 백테스팅시는 큰 고려 사항이 아닐 수 있다.

다시 한번 강조하지만 Trader의 주관이 개입됨을 최소화시키기 위해 사자 팔자 시그널 시스템을 사용하려는 Trader가 일정한 규칙없이 그때그때 매매 수량을 결정한다면 이는 엄청난 모순이므로 결국 일정한 규칙을 가지는 위험관리 시스템을 갖추어야만 시스템 트레이딩의 본연의 목적에 부합되는 결과를 도출할 수 있게 된다.

위험 관리 기법은 Trader들 고유의 예술이며 블랙박스이기에 100%

가르쳐주는 Trader도 없으며 100% 가르침을 받았다 하여도 본인의 Trading에 적용시킬 수 있는가는 또 별개의 문제이다.

Trading의 위험 관리 개념 정립에 도움이 되기를 바라며 필자가 시스템 트레이딩에 사용했던 위험 관리 시스템을 최대한 단순화하여 일반 Trader들도 이해할 수 있도록 예를 들어 설명해보고자 한다.

우선 각 선물 상품들은 상호 가격 관련성에 따라 통화선물, 농산물 선물 등의 8개 집단(Cluster)으로 분류하였으며 각 집단마다 포함된 투자 대상 상품의 가짓수는 당연히 차이가 있었다.

각 8개 집단별로 동일한 1/8의 위험 비중을 부과하였고 다시 집단 내 투자 대상 상품별로 동일한 위험 비중을 배분시켰다.

(예 1)

통화선물 집단 4개 상품(Yen, Mark, Swiss Franc, British Pound)

통화선물 Cluster 위험=1/8%,

Yen 선물 위험=1/8×1/4=1/32%

농산물 집단 3개 상품(Soybean, Wheat, Corn)

농산물 Cluster 위험=1/8%,

Soybean 선물 위험=1/8×1/3=1/24%

각 상품들의 일정기간의 변동성을 금액으로 계산한 후 Yen(일본 엔화) 선물의 사자 혹은 팔자 시그널이 발생되면 금액으로 계산된 변동성을 운용자산 중 상기(예 1)에서 확정된 1/32%에 해당하는 위험 수량만큼 Yen 선물을 매입하거나 매도하였다.

(예 2)

Yen 선물의 매매 수량 결정(전체 운용 자산 $5,000,000 가정시)

전체 운용 자산 $5,000,000×Yen 선물 배분 위험 1/32%(예 1 참조)

=$156,250

Yen 선물의 변동성 금액=$4,000일 경우 Yen 선물 거래 수량

=$156,250/$4,000=39.06 → 39 계약

Yen 선물의 변동성 금액=$3,000일 경우 Yen 선물 거래 수량

=$156,250/$3,000=52.08 → 52 계약

위의 예에서 보여지듯이 필자의 위험 관리의 기본은 추세 추종 투자 전략 사용시 투자 상품의 변동성이 커지면 적은 수량의 거래를 하고 변동성이 작아지면 많은 수량의 거래를 해야 한다는 것이 핵심이며, 주식 Trader들이 시장 변동성이 커지면 현금 보유량을 늘려가는 것과도 일맥 상통한다 하겠다.

특히 추세를 추종하는 테크니컬 지표들에 의한 Trading의 경우 한쪽 방향으로 이어지는 장기 추세시 가격 변동성이 줄어들어 포지션 추가(Adding)의 효과를 볼 수 있는 등 해당 상품 가격의 변동성에 따라 자연스럽게 수량 조절 효과를 볼 수 있다는 장점이 있다.

주식 Trading시 여러 개의 주식들로 포트폴리오(Portfolio)를 짜서 Trading하는 경우 반도체 관련주, IT 관련주, 금융 관련주, 건설 관련주, 음식료품 관련주 등등으로 집단을 만들어 적용시켜 보면 위험 관리를 하는데 도움이 될 것이라 생각된다.

계량적(Quantitative)과 분석가(Analyst)의 합성어인 퀀트(Quant) Trader들의 성공은 수학적·통계적 모델을 컴퓨터를 통해 알고리즘화하여 Trading을 함으로써 수익을 얻을 수 있다는 것을 증명해 오고 있으며 최근 다수의 헤지펀드들이나 기관 투자자들이 컴퓨터 관련 전공자들을 고용하여 소위 인공지능 트레이딩 시스템(AI Trading System)을 구축해내고 있다.

인간의 자의적인 판단에 영향을 받지 않고자 하는 이러한 시스템 트레이딩은 위험 관리 모델의 신뢰성이나 트레이딩 시스템의 안정성이 담보될 수 있다면 첨단 금융 공학 기술의 발달과 발맞춰 점차 시장 영향력을 확대해갈 것이라 판단된다.

시스템 트레이딩 실례

브로커 선물회사들의 리서치 자료와 각종 뉴스, Trading 아이디어를 종합 분석한 후 Trader들과의 회의를 거쳐 선물 Trading을 영위하여 왔던 필자의 트레이딩팀(Asset Management Team)은 주먹구구식 Trading에도 불구하고 꾸준한 수익을 올리며 나름의 성과를 인정받고 있었으나 이러한 Trading이 중장기적으로는 안정적인 수익원이 될 수 없음은 팀원들 모두 인식하고 있었다.

선물종합중개회사(FCM, Futures Commussion Merchant)와 선물운용기금업자(CPO, Commodity Pool Operator)로서 선물 펀드 운영 등으로 축적된 나름의 노하우(Know-How)와 선물자산운용사(CTA, Commodity Trding Advisor)들과의 사업상 제휴 관계를 기반으로 필자의 회사를 선물자산운용사인 CTA로 성장시키자 하는 야심찬 계획을 수립하게 되었고, 이를 위해서는 최소 3년간의 신뢰할만한 운용 실적(Track Record)을 필요로 하게 되었다. 이에 따라 시스템 트레이딩을 자체 개발하기 위한 노력을 시작하였으며 수많은 테크니컬 지표들과 대상 상품들의 백데스팅 결과 두 개의 이동평균선 크로스오버를 기본 테크니컬 지표로 사용하고 익손절시 변동 스톱(Trailing Stop)으로 파라볼릭(Parabolic SAR)을 이용하는 사자 팔자 시그널 시스템을 개발하였다. 이에 따라 포지션이 생겼다 없어졌다를 반복하는 일종의 포지션 온오프(On Off) 중장기 트레이딩 시스템을 보유하게 되었으며 최종적으로 자체 개발한 위험 관리 시스템이 이에 더해짐으로써 시스템 트레이딩을 개발 완료하게 되었다.

훗날 알래스카 소재 헤지펀드의 포트폴리오 매니저(Portfolio Manager)로 스카웃되어 간 시니어 트레이더(Sr.Trader)에 의해 블랙다이아몬드(Black Diamond)라는 그럴싸한 이름으로 명명되었던 자체 시스템 트레이딩으로 해외 21개 선물 상품의 매매를 시작할 수 있게 되었다. Trading 개시 후 투자 대상 선물상품 중 포크밸리(Pork Belly)를 포트폴리오에서 제외하였으니 거래 유동성 부족이 그 이유였다.

이후 장기 추세를 형성했던 상품 시장의 도움으로 승승장구하며 팀원들에게 성과급을 최초로 지급하게 되었는데 $20,000 정도의 성과급을 받게 된 시카고대학 MBA 출신이었던 주니어 트레이더(Jr.Trader)의 "은행에서 빌렸던 대학원 학비를 갚게 되었다" 말하며 짓던 미소를 아직도 잊을 수가 없다.

어느날 닥친 IMF 사태로 필자가 근무했던 시카고 소재 현지 법인도 문을 닫게 됨에 따라 블랙다이아몬드도 2년도 못되어 운용이 중단되었지만 17.5%의 연평균 수익률을 기록하였고, 시스템 트레이딩 개발에 참여하고 운용했던 경험들은 필자의 Trading에 향후 직·간접적으로 많은 긍정적 영향을 주게 되었다고 생각된다.

15
직접 투자와 간접 투자

나도 직접 투자?

본인의 의지, 주변의 권유 등 직접 투자를 시작하는 계기는 여러 경우의 수가 있을 것이며 'Trading의 첫 단추를 어떻게 꿰었나?'의 경험은 개인별로 희비가 교차되지만 Trading은 특성상 일단 시작하면 쉽게 발을 빼지 못하게 되는 특유의 중독성을 가지고 있다.

열 번 중 한 번이라도 수익이 발생하게 되면 그 달콤함에 젖어 아홉 번의 손실을 잊게 만들고, 다음 기회에는 아홉 번의 이익을 볼 수 있을 것이라는 유혹에 빠져들게 하며, 수익이 나면 더 벌 수 있을 것 같고 손실이 나면 본전을 회복하겠다는 생각탓에 쉽게 그만두지 못하는 것이 Trading이다.

시장 전체의 수익과 손실의 합이 0이 되므로 제로섬게임이라 불리우는 몇몇 파생상품 시장은 차치하고라도 제로섬게임이 아닌 주식 시장도 시장 상황이 아무리 좋아도 내 주식 가격은 오르지 않는 경우가 빈번하니 모든 시장 참가자들이 돈을 벌기는 쉽지 않은 것이 금융 시장의 현실이다.

투자 초창기 시험삼아 투자한 소액의 자금으로 쉽게 수익을 얻었기에 투자 금액을 늘려 투자하였다가 실패하는 경우도 주변에 흔히 있고, 시장 전문가임을 자처하는 전문 Trader들조차도 별 성과없이 시장을 떠나게 되는 경우도 많이 있으니 Trading은 녹록치 않은 것임에는 틀림없다.

'가다 말면 아니 가느니만 못하다'라는 말도 있지만 직접 투자가 시간과 노력에 비하여 효과적이 아니라고 생각이 들고 본인에게 맞지 않는다는 판단이 서면 과감히 중단하는 것도 현명한 선택이 될 것이다.

본인의 '위험 한도를 초과하는 손실'이 발생한 경우는 직접 투자를 멈추어야 하는 첫 번째 요인이며 아울러 아래 언급한 사항들이 지속적으로 반복되고 수정이 이루어지지 않는 Trader라면 직접 투자를 계속할 것인가 그만둘 것인가의 여부를 심사 숙고해 볼 것을 권유한다. 이해를 쉽게 하기 위하여 주식 Trading을 예를 들어 설명해보고자 한다.

소홀한 학습

금융 문맹이라는 말이 등장할 만큼 기본적 소양을 갖추지 않고 직접 투자를 시작하는 Trader들이 많아지고 있는데, 적어도 무지함이 투자의 실패 원인이 되지 않도록 지속적인 학습이 필요하다.

빚투

최근 국내의 저금리 기조와 맞물려 이자와 시간의 부담에 쫓기며 빚내서 투자하는 소위 '빚투' 투자가 증가하고 있는데, 같은 조건으로 투자를 해도 수익을 내기 어려운 것이 Trading인데 스스로 운동장을 기울여 놓고 줄다리기를 하는 꼴이니 재고할 필요가 있다.

지속적 Trading 전략의 부재

가격이 오르면 나의 분석과 전략이 맞고 가격이 빠지면 틀린 것이라며 Trading 전략을 수시로 바꾸는 것

손실에 대한 태도

어느 정도의 손실은 감수하고 익숙해질 필요가 있음에도 불구하고, 몇 주를 소유하고 있는가? 수익률은 몇%인가?가 아닌 포지션의 가치를 금액으로만 평가하며 손실에 지나치게 민감히 반응하는 태도

투자 주식의 선택

실적 등 기업 가치와 상관없이 주변 정보나 소문을 근거로 인기주나 테마주에 집중하여 Trading하는 경우

가격을 예단

특별한 근거없이 많이 빠졌으니 바닥이겠지, 많이 올랐으니 상투겠지 하며 가격을 예단하는 습관

일희일비, 후회 · 포기 · 집착, 충동매매

하루에도 수십차례 시장 가격을 확인하며 일희일비하거나, 주식을 사지 못해서 이익을 볼 수 있었는데 못 보았다며 마치 손해를 본 것처럼 아쉬움 속에 자책하는 등 후회만이 연속될 때, 손실이 나는 포지션을 될대로 되라 하며 포기하거나, 포지션에 지나치게 집착하여 익절도 손절도 못하는 경우, 가격 움직임에 홀려 절제를 잃고 Trading 전략과는 무관하게 매수 매도를 반복하는 충동 매매가 이루어지는 경우

장기 투자를 권장하는 주식 Trader들은 우량 주식을 매입하고 시세 확인을 하지 말라는 조언을 하기도 한다. 주식 Trading 실패의 주요 원인 중 하나가 적은 수익만 발생하면 챙기고자 하는 인간 본연의 심리로부터 비롯되며, 이러한 심리는 결과적으로 거래 빈도수를 높이게 되고 수익이 날때는 조금 나고 손실이 발생할 때는 큰 손실로 이어지게 하여 투자 실패로 귀결시킬 수도 있다는 우려에서 나온 조언일 것이다.

이러한 실패를 방지하고자 두 곳의 증권사에 계좌를 열어 하나는 중장기 투자용으로 다른 하나의 계좌는 단기 투자용으로 이용하고 있는 개인 Trader들도 제법 있는 것으로 알고 있다. 나름의 아이디어이나 최초의 계획대로 운용되고 있는가에 대하여는 다소 의문이 생기는 것도 사실이다.

적지 않은 Trader들이 직접 투자시 요구되는 전략적 정비, 심리적 안정이 준비되지 않은 경우들도 다반사이며 안 좋은 Trading 습관들로 인하여 실수와 오류를 반복하고 있는데 이러한 실패로부터 교훈을 얻어 시행착오를 줄여 나가려는 자기 반성과 복기의 시간을 갖는 것은

Trading에서 매우 중요하다.

직접 투자가 맞지 않는 성향과 여건의 Trader도 분명 존재할테니 때로는 멈출줄 아는 지혜도 필요로 되며, "꿩 잡는게 매"라고 다양한 간접 투자를 통한 금융 시장에서의 재테크 대안들이 존재하므로 굳이 직접 Trading만을 고집할 필요는 없다고 사료된다.

나도 간접 투자?

직접 Trading이 성공적으로 장기간 지속될 수만 있다면 그보다 좋은 투자 방법은 없을 것이다.

그러나 이런저런 이유들로 인하여 직접 Trading이 실패로 끝나게 되는 경우도 많이 있다. 때로는 직접 Trading이 본인에게 적합한 투자 방법이 아니라는 것을 빨리 깨닫는 것도 더 큰 손실을 방지할 수 있는 현명한 판단이 된다.

이럴 때 간접 투자를 고려해보는 것도 좋은 대안이 될 수 있을 것이다. 물론, 간접 투자도 직접 투자와 마찬가지로 투자 결과는 본인이 책임지는 것임을 잊어서는 안될 것이다. 간접 투자는 검증된 전문 Trader를 간접 고용하는 효과와 함께 비교적 적은 돈으로도 분산 투자 효과를 볼 수 있으며, 투자자의 시간과 노력을 절약할 수 있고, 투자자가 감정에 휘둘려 발생 가능한 위험을 줄일 수 있다는 일반적인 장점을 가진다.

이러한 이유들로 간접 투자는 운용수수료 등 각종 비용이 부과된다는 단점에도 불구하고 투자의 한 축으로 자리잡고 있다.

펀드나 신탁, 랩계좌(Wrap Account)로 대표되는 간접 투자 상품들 중 펀드만 보더라도 투자 대상, 투자 지역, 투자 섹터, 운용 방법, 투자

A펀드
B펀드
D펀드
DAILY NEWS

방법, 법적 성격 등에 따라 세분화되어 있고 각기 다른 비용 구조와 위험 구조를 가지고 있다.

이에 펀드 등의 간접 투자 상품 선택시 운용 회사의 선택은 물론 수치화된 과거 실적 관련 지표들(운용자산 규모, 수익률, Risk/Reward Ratio, Maximum Drawdown 등)에 대한 검토가 요구된다. 간접 투자 상품 선택시 가장 중요한 지표인 수익률의 경우도 기간수익률, 연환산 수익률, 펀드가 표방하는 Trading 목표 지수와의 비교를 위한 벤치마크(Benchmark) 수익률 등이 사용되고 있으니 각각의 차이를 인지하여 투자시 오해의 소지가 없도록 해야 하며 상기 수익률들이 제반 비용 차감 전인지 아닌지도 고려해볼 필요가 있다.

투자자의 입장에서는 투자에 대한 인식과 목적, 투자 경험, 투자자의 재무 상황, 제반 수수료 및 관련 세금 등도 고려 대상이 되어야 한다.

투자 설명서만을 통하여 특정 상품의 위험도 등의 세부 내용을 일반 투자가가 이해하기에는 한계가 있으므로 자격을 갖춘 전문가의 조언을 받고 투자하는 것이 좋다. 해외 투자 상품들의 경우 환율 변동에 의한 위험성 여부를 인지하고 있는 것이 좋으며, 특히, 펀드 투자의 경우 전좌환매, 부분환매 등 환매와 관련된 추가 비용이나 소요 기간 등에 대한 내용을 파악하고 있어야 현금 확보나 다른 펀드로의 교체 투자시 문제 발생의 소지를 없앨 수 있을 것이다.

때때로 사회적 문제로 야기되는 펀드의 불완전 판매 발생시 피해 입증이 어렵고 자필 서명을 한 경우는 더욱 구제받기 힘들어지기 때문에 투자 개시시 신중함이 요구되어진다.

흔히 과거 실적이 미래 수익을 보장하는 것은 아니라고는 하지만 간접 투자 상품들과 관련하여 전문적인 리서치 자료들과 정보를 제공해 주는 회사들도 많이 있다. 각종 펀드를 포함한 간접 투자 상품들의 성과에 대한 자료와 평가는 물론이고 자산 배분과 관련한 도구들을 제공하고 있으니 투자자의 투자 성향에 맞는 간접 투자 상품들을 비교하여 찾아내는데 많은 도움을 줄 수 있다. 최근에는 수익률과 위험조정 수익률에 기초한 정량 평가는 물론 시장분석가들에 의한 정성 평가 자료까지 게시하고 있으니 간접 투자자들은 물론 간접 투자 상품 권유자들도 참고하여 볼 필요가 있다.

증권 회사들이 발행하는 주식연계증권인 ELS(Equity-Linked Securities)는 주식 및 주가지수 등 기초자산 및 원금 보장 여부, 상환 조건 등에 따라 다양한 상품들로 판매되고 있으며, 특히 원금이 보장되는 경우가 많고 조기 상환 수익이 발생할 수 있어 꾸준한 인기를 끌고 있다.

파생결합증권 DLS(Derivatives-Linked Securities)는 금, 원유, 농산물 등 일반상품, 통화, 이자율 등 더 다양한 기초 자산을 이용하여 발행되는데 그 구조나 판매 조건 등은 ELS와 매우 유사하다.

ELS나 DLS는 구조적으로 증권사에서 발행하는 무보증회사채와 같아 발행 증권사의 파산시 원금 회수가 어려울 수 있으며, ELS와 DLS로 부터 발생한 수익은 배당소득세 원천 징수 대상임도 투자시 고려할 필요가 있다.

평균매입단가(Cost Averaging)를 낮추어 정기적인 투자의 이점을 극대화시키는 것으로 알려진 적립식 펀드를 포함 모든 간접 투자 상품들의 수익률은 투자 대상 시장의 가격 등락에 연동될 수밖에 없으므로 투자 개시 시점과 종료 시점의 선택은 간접 투자 상품의 수익률에 직접적인 영향을 주게 되므로 적절한 투자 타이밍에 대한 고찰의 중요성은 아무리 강조되어도 지나치지 않을 것이다.

최근 금융 기관들이 간접 투자 상품 가입시 이용할 수 있는 모바일 앱을 개발하여 투자자들에게 편의를 제공하고 있으니, 이를 통하여 투자 상품의 실적 조회는 물론 펀드 가입 및 해지, 다른 펀드로의 교체 투자 등 관련 업무 대부분을 수월하게 처리할 수 있도록 투자 접근성도 개선되고 있다.

결론적으로 다양한 투자 상품들이 존재하는 간접 투자도 Trading의 한 방법으로 활용되어질 충분한 가치를 가지고 있으므로 이와 관련한 적극적인 학습과 관심이 요구되어진다고 판단된다.

16
첫 직장의 기억

최루탄 연기도 사라진 대학교 4학년 여름 방학 지인분의 소개로 사단법인 선물거래협의회의 정기 교육을 이수하면서 선물거래라는 새로운 용어를 알게되었다. 당시 정기 교육의 강사진은 각 대학의 재무관리 전공 젊은 교수님들이었던 것으로 기억된다.

이러한 인연이 계기가 되어 선물거래협의회 사무국 직원으로 1990년 첫 직장 생활을 시작하게 되었고 선물 시장의 매력에 조금씩 빠져들게 되었다.

해외 비축물자의 조달 및 관리를 총괄하던 조달청의 주도로 설립된 선물거래협의회는 100개 남짓의 회원사의 회비로 운영되던 민간 기구였다. 선물거래 관련 홍보 및 교육, 해외 선물 시장 동향 관련 주간 정보 자료 및 '선물경제'라는 월간지 발행, 기타 선물거래 관련 책자들을 발간하는 등 다양한 활동을 하였었다.

당시에도 미미하나마 일부 제조업체들이 해외 선물 시장을 이용하여

원자재 수입 관련 업무를 하고 있었으며 몇몇 은행들이 해외 투자 채권 가격 등을 헤지(Hedge)하는데 금융선물 상품을 사용하고는 있었으나 先物(Futures)과 膳物(Gift)의 혼동에서 오는 해프닝과 관련된 에피소드들이 넘쳐나던 시기였다.

숏커버링(Short Covering)의 등장으로 원유 선물가격 상승이라는 외신 기사가 '짧은 뚜껑'의 등장이라고 오역되지 않으면 다행일 정도였고, 필자도 국내 굴지의 화장품 회사의 기획실로부터 설 선물 세트(Gift Set) 제작 관련 문의 전화를 받은 바가 있으며, 한동안 대학 동기들 간에 필자는 선물의 집(Gift House)이라는 문구 제작사에 취직한 것으로 알려져 있었다.

서울 시내 두 곳의 대형 서점에서만 볼 수 있던 월간지 '선물경제'를 필자의 주장으로 신촌의 한 대형 서점에 가져다 놓았는데 한 달에 한 두권 팔리는데 그쳤고 매달 남은 잡지를 회수해 오기에 바빴던 기억도 있다.

해외 선물 시장 방문단의 일원 중 막내로 미국 시카고와 뉴욕의 선물거래소들, 영국 런던금속거래소(LME, London Metal Exchange), 프랑스 선물거래소 마티프(Matif), 스웨덴 옵션거래소(OM, Option Market) 등을 직접 방문하는 기회를 가지게 되었다.

당시 시카고의 관문인 오헤어 국제공항(O'hare International Airport)의 입국 심사 담당자들이 선물 Trading(Futures Trading)보다는 상품 Trading(Commodity Trading)이라는 용어를 더 익숙하게 받아들였던 기억이 있다.

사진으로만 보던 시카고상품거래소(CBOT, Chicago Board of Trade)의 고풍스러운 웅장함과 방문객 관람실(Visitors Gallery)에서 내려다본

공개 호가 방식(Open Out Cry)으로 진행되는 역동감있는 시카고와 뉴욕 선물거래소들의 핏(Pit)의 거래 모습을 직접 볼 수 있었던 것은 큰 감동이었다.

그로부터 불과 몇 달 뒤 시카고상품거래소 내에 소재한 동양선물 현지법인(TYFA, Tong Yang Futures America, Inc)에서 근무하게 되고 시카고상업거래소(CME, Chicago Mercantile Exchange) 근처의 아파트에 7년 가까이 살게 될 줄은 당시에는 꿈도 꾸지 못하였다.

몇 년 전 가족들과 함께 간 시카고 여행 중 CME 구경을 갔었는데 방문객 관람실(Visitors Gallery)이 2000년대 초반 이미 문을 닫았다고 하여 무척 아쉬웠었다. 이는 CME 중심으로 미국내 선물거래소들이 합병되었고 기존의 공개 호가 방식(Open Out Cry) 거래가 전산화로 인하여 2015년 사실상 완전 종료된 것과도 무관치 않아 보였다.

당시 함께 선물거래협의회에서 근무하던 분들 중 소수는 선물거래와는 전혀 관련 없는 업종으로 이직하신 분들도 계셨고 정계로 입문하신 분들도 계셨지만, 대다수는 한국거래소, 금융투자협회, 금융회사 등에서 우리나라 선물거래의 정착과 발전을 위해 한동안 수고하셨던 분들이다.

직장인이라면 누구나 첫 직장에 대한 향수가 있을 것이라 생각된다. 선물거래협의회라는 첫 직장에서 겪은 20대의 추억들은 동전까지 담겨있던 첫 월급 봉투와 함께 아직도 생생한 기억으로 남아 있다.

17
시카고 생활과 Trading

종합선물중개회사(FCM)

업계라고 부르기에도 그 크기는 너무 작았지만 선물거래협의회에 근무하다 보니 선물업계 사람들과 자연스럽게 교류가 이루어지게 되었다.

주변 분들의 추천과 훗날 유명 정치인으로 변모하신 당시 동양선물(주)의 초대 CEO분께서 필자를 낙점 찍어 주신 덕에 동양선물(주)에서 설립한 시카고 소재 현지법인 TYFA(Tong Yang Futures America, Inc)에서 근무하는 기회를 얻게 되었다.

필자는 본사에서 파견된 현지법인장, 현지에서 채용한 한국계 여직원 다음으로 TYFA의 세 번째 직원이 되었는데 불과 몇 년 후 직원 숫자가 12명에 이르는 조직으로 규모가 성장하게 되었다.

TYFA는 시카고 시내 시카고상품거래소(CBOT) 건물 안에 소재하고 있었다. 필자의 임시 숙소였던 교외의 친척집에서 자전거를 타고 기차역까지 와서 기차로 갈아 타고 출퇴근을 하였는데 당시 10월의 시카고 초겨울 추위와 눈탓에 자전거를 이용한 출퇴근을 한 달 만에 포기하고 시내에 원룸을 얻어 생활하게 되었다. 그렇게 모든 것이 새로울 수밖에 없던 환경에서 시작한 TYFA에서의 직장 생활은 그후 7년 동안 계속되게 된다.

TYFA는 미국내 선물 감독기관인 상품선물감독위원회(CFTC, Commodity Futures Trading Commission)로부터 선물거래종합중개회사(FCM, Futures Commission Merchant) 자격을 취득한 유일무이한 한국계 회사였다. 당시 미국내 허가된 FCM의 숫자는 약 200개 정도였으며 30년이 지난 지금도 필자가 아는 한 한국계 FCM은 없는 것으로 알고 있으니 당시로서는 과감한 투자가 아닐 수 없었다.

TYFA가 설립 당시부터 선물브로커회사(IB, Introducing Broker)가 아닌 FCM으로 허가를 받은 이유는 해외선물거래 중개 관련 국내규정 때문이었다. 실수요를 원칙으로 하던 해외선물거래 관련 규정은 비철금속 등 일반 상품선물들은 동양선물(주)와 같은 선물회사에서 중개 업무를 할 수 있게 하고 있었으나, 금융선물거래는 국내 은행들이 해외 FCM과만 거래할 수 있게 되어 있었기에 금융선물거래 중개 업무로 업무 영역을 확장하려면 FCM 등록 자격이 필요로 하였던 것이다.

TYFA를 통한 국내 은행의 해외 금융선물거래가 시작하여짐에 따라 영업이나 중개 관련 실무는 모두 서울의 본사 직원들이 밤낮을 바꾸어 가며 처리하고 있었다.

국내 은행의 선물거래용 증거금을 수취하게 됨에 따라 TYFA는 다양한 미국 현지 법규(Compliance) 관련 사안들이 발생하게 되었고 이러한 규정들과 관련된 현안들의 처리가 필자의 첫 번째 업무로 주어졌다.

일일정산(Mark to Market)으로 인한 선물거래의 특성상 고객 자금은 매일 변동이 생기게 되고 이러한 고객 자금은 일정한 수식에 따라 고객자금별도 관리 계좌(Customer Segregated Funds)로 분리되어 매일마다 미국 선물거래협회(NFA, National Futures Association)에 유선상 보고를 해야 했고, IB가 아닌 FCM이기 때문에 1-FR-FCM Form 등 정해진 양식에 의거 분기마다 회사의 재무 상황을 NFA를 통해 미국 선물감독위원회 CFTC(Commodity Futures Trading Commission)에 보고해야 했다.

TYFA 근무 기간 중 NFA로부터 두 차례, CFTC로부터 한 차례 감사를 받았는데 자율규제기관인 NFA 직원들은 감사 중에도 법규 관련 미비한 부분들을 세세히 가르쳐주며 수정하게 해주는 등 규정 위반의 가능성을 줄여주었다. CFTC의 감사 책임자는 주한 미군으로 한국에서 복무 경험을 가지고 있었던 분이였는데 감사 중에도 한국계 법인이라는데 상당한 친근감을 표시해 함께 한국식당에서 식사를 하는 등 나름 친해져 감사 결과는 별 문제가 없을 것으로 기대하였으나 자잘한 실수까지 '규정 몇 조 몇 항의 위반이니 언제까지 수정 요구함'이라고 명기된 최종 감사 보고서를 받고 배신감 아닌 배신감을 느끼며 지적받은 사항들을 수정하여 보고해야 했다. 공과 사를 확실히 구분하는 미국인의 성향을 CFTC 감사 책임자를 통하여 조금은 더 알게 되었다.

TYFA가 소재했던 시카고 시내에는 당시 두 개의 국내 은행 지점과 한 곳의 국내 제조업체의 연락 사무소만이 존재하고 있었지만, 현재는 글로벌화에 발맞춰 국내 회사들이 설립한 수많은 현지 법인들과 지점 등이 세계 곳곳의 요지에 있는 것으로 알고 있다. 해외에서 영업 활동을 영위하는 현지 법인들과 지점들은 현지 법률과 규정에 관한한 인적 · 물적 투자를 아끼지 말아야 원활한 업무 환경이 구축되고 벌금과 같은 중징계를 피할 수 있을 것으로 사료된다.

교육 프로그램

TYFA는 상품선물기금업자(CPO, Commodity Pool Operator) 업무와 Trading 업무가 주사업으로 자리잡기 이전까지는 미국 선물 시장 관련 정보 수집, 국내 기관 투자자들 및 본사 직원들의 선물 거래 관련 교육, 미국내 선물 거래 유관 기관들과의 유대 구축, 국내 선물 시장 개설과 관련한 홍보 등이 업무의 많은 부분을 차지하였다. 특히, 시카고에서 매년 열렸던 선물옵션 엑스포(Futures & Options Expo)는 엑스포에 참가한 세계의 선물 거래소들과 다양한 유관 기관들의 정보를 한껏 얻을 수 있는 기회였으며 볼펜, 마스코트 등 각종 기념품을 얻는 재미도 솔솔하였던 것으로 기억에 남아 있다.

국내 선물 시장 개설이 가시화됨에 따라 기관 투자자들의 선물 거래 교육 관련 문의가 많아지고 있음을 주목하게 되었다. 미래 고객 유치를 위해 홍보 차원에서 선물 거래 교육을 실시하고 있던 미국 FCM R사와 손잡고 교육 프로그램을 개발하여 국내 기관 투자자들에게 판매하였다. 총 5주간의 교육 기간 중 4주간은 미국 FCM R사에서 실시하는 수업을 듣고, TYFA는 국내에서 온 교육 참가자들을 위한 제반 편의 제공과 마지막 주의 워싱턴 디시(Washington D.C.)의 CFTC 방문 및 뉴욕시(New York, NY)의 선물 거래소 및 월가의 금융 기관 방문 등을 주관하였다.

당시 본사에서 파견된 직원이 필자 외에 한 명 더 있었는데 둘이 수업을 참관하고 번갈아 워싱턴 디시 및 뉴욕시 방문시 인솔자로 참여하였다.

TYFA는 시카고 소재 대학의 경제학과 한국계 교수님을 고문으로 모시고 있었는데 이 분은 CBOT에서 경제 고문(Economist)으로 재직하신 경력을 갖고 계셔서 업계의 유명 인사들과 두터운 친분을 가지고 계셨다. 고문님의 주관하에 CIFO(Chicago Instutute of Futures & Options)라 불리는 교육 프로그램을 국내 기관 투자자들에게 자체 개발하여 판매하였는데 유명 Trader들과 Broker들을 강사로 계약해 진행되었고 모의 Trading을 접목시킴으로써 큰 인기를 끌었었다.

교육 프로그램에서 발생한 수익은 미미하였으나, 국내 본사나 TYFA 입장에서는 교육 참가자들의 대부분이 금융 기관 내 선물 관련 업무 담당자들이 됨으로써 향후 선물 펀드의 판매 등 영업에 큰 도움이 되었던 것은 큰 소득이라 생각된다.

개인적으로는 미국 FCM O사의 도움으로 노란자켓을 입고 시카고상업거래소(CME) 핏(Pit)에서 주문 전달자(Runner)로 일하며 주문지를 핏 트레이더(Pit Trader)에게 전달했던 한 달간의 경험은 잊지못할 기억으로 남아 있으며, 다양한 교육을 수강할 기회를 가질 수 있었기에 미국 선물 거래 중개사(Series3) 시험을 손쉽게 합격할 수 있었고, 훗날 Trader로 성장하는 데 있어 이론적 · 실무적 기초를 다질 수 있었으니 큰 행운이었다고 생각된다.

뉴욕상품거래소(COMEX, Commodity Exchange) 회원권을 매입했다가 차익을 남기고 매도하기도 하는 등 새로운 수익 창출을 위한 시도도 계속하였다.

여행을 위한 Trading?

미국의 Trading 회사의 직원들은 나이나 직급에 상관없이 점심을 햄버거나 푸드 트럭에서 간단한 요깃거리로 때우고 특별한 미팅이 없는 경우 자유스러운 복장으로 생활하기에 누가 윗사람이고 아래직원인지 얼핏 보아 분간이 어려운 경우가 많이 있다.

그러나 일단 직장을 벗어나면 생활 수준은 천차만별인데 특히 휴가를 어떻게 보내느냐에는 큰 차이를 발견할 수 있다. 초창기 옵션 시장에서 성공한 어느 CTA 회사의 CEO는 플로리다로 가족들과 휴가를 가는데 자신이 소유한 경비행기를 직접 몰고 간다고 했다. 당시 그 분은 5대의 경비행기를 소유하고 있었는데 그중 하나는 제2차 세계대전 일본의 하와이 진주만 공습시 바다에 추락한 일본 폭격기를 경매를 통하여 구입한 후 수리해서 소유하고 있었다. 미국 FCM의 한 브로커는 가족 5명과 함께 아프리카 케냐로 약 20일간 캠핑 휴가를 다녀왔는데 20일 내내 경호원, 요리사, 운전사, 막일꾼 등 아프리카 현지인들 7~8명이 자신의 가족들만을 위해 시중을 들어주는 여행을 다녀와 사자무리를 배경으로 찍은 사진을 보여주었던 기억도 있다.

Trading을 하는 목적은 돈을 벌기 위한 것이며 짜릿한 시장에서의 승부를 통한 성취감은 언제나 두 번째 이유이다. 돈을 벌면 무엇이 맘껏 하고 싶냐는 질문을 받는다면 필자는 주저함없이 여행이라고 대답할 것이다.

미국 락밴드(Rock Band)의 살아 있는 전설 비치보이즈(The Beach Boys)의 〈코코모(Kokomo)〉라는 곡은 톰 크루즈(Tom Cruise) 주연의 〈칵테일(Cocktail)〉이란 영화의 OST로 잘 알려져 있는데 아루바

(Aruba), 자메이카(Jamaica) 등 유명 휴양지 지명들로 노래가 시작한다. 평소 산보다 바다를 좋아하는 필자는 이 곡에 나오는 모든 곳들을 순서대로 여행해보리라 하는 포부를 가지고 있다. 현재까지는 코코모 가사에 첫 번째로 등장하는 아루바만 가보았지만 필자의 야무진 꿈은 아직도 현재진행형이다.

시카고 주변에는 산도 없고 특별한 관광지나 국립 공원들도 없지만 함께 파견 나온 주재원이나 교육생들과 어울려 주말이면 남으로 북으로 무작정 차를 몰고 여행을 다니곤 하였다. 미국 중서부의 소도시를 한가롭게 돌아보며 자기집 차고에서 하는 중고 물품 판매(Garage Sale)하는 곳에 들려 골동품 같은 잡화도 구매하곤 하였는데 어느 눈 오는 날 위스콘신주 매디슨의 위스콘신 대학 근처에서 운전하던 필자가 일단정지 푯말(Stop Sign)을 보지 못한채 좌회전중 직진하는 차와 충돌하는 교통사고가 있었다. 당시 필자를 포함 차에 타고 있던 4명 모두 한동안 정신을 잃었었고 마시던 뜨끈하고 끈적끈적했던 커피가 손에 묻어 어렴풋이 정신을 차리며 혹시 누군가의 피가 아닌가 생각했던 아찔했던 기억이 트라우마(Trauma)로 남아 있다. 철창식 엘리베이터가 있는 경찰서에 가서 벌금도 내야했는데 당시 현금으로 벌금을 내자 동전까지 복사해 기록으로 남기는 미국 경찰들의 치밀함도 볼 수 있었다. 결국 필자가 몰던 차량은 보험사로부터 수리 불가 파손(Total Loss) 판정을 받아 달랑 수표 한 장이 되어 돌아왔다. 며칠 후 승객 중 유일하게 필자만이 흑인이 아니었던 버스를 타고 영화에서나 나올듯한 폐차장을 방문하여 사고 당시 차에 남겨 놓았던 개인 사물을 찾아 온 기억도 있다.

1993년 마지막 날에는 직원 두 명과 함께 특별한 계획없이 차를 몰고 미시간 호수를 따라 북쪽으로 올라갔는데 미시간 호수는 5대호 중 유일하게 100% 미국령이며 말이 호수이지 우리나라 면적의 절반이 넘는 크기로 수심이 깊은 곳은 250m가 넘는다. 한참을 무작정 가다보니 날은 저물고 미시간 호수를 반바퀴 정도 돌아 어느 방향으로 가나 시카고로 돌아가기까지 비슷한 거리를 남겨둔 곳에 이르렀고 주변 숙소도 마땅치 않아 밤새 운전해서 약 21시간만에 1994년의 새해가 뜨기도 전에 시카고로 돌아오게 되었다.

번갈아 운전을 했다고는 하지만 밤새워 약 1,700km를 차를 타고 미시간 호수를 한 바퀴 돌았으니 그 피로도는 이루 말할 수 없었기에 숙소로 돌아와 깊은 잠에 빠지게 되었고 자고 일어나 보니 이미 해가 지고 1월 1일의 밤이 되어 있었다. 살면서 유일하게 새해 첫날의 해를 보지 못한 날로 기억에 남아 있는 새해맞이였다.

리버크루즈(River Cruise)

일리노이주 소재 미국 제3의 도시인 시카고는 마피아 갱 영화나 뮤지컬의 단골 배경으로 등장하여 우리에게 익숙한 곳이다.

일리노이주는 땅(Land)에서의 카지노 도박은 불법으로 법에 명시되어 있었기에 이러한 법의 틈새를 이용하여 강(江)에서 합법적으로 카지노 영업을 하고 있었다. 2019년 시카고 시내 카지노 설립 포함 도박 확대 허용 법안이 일리노이주 의회에서 통과되어 2025년쯤이면 시카고 시내에도 영업하는 카지노를 볼 수 있을지도 모른다고 한다.

어쨌든 예전에는 시카고에서 한 시간 남짓한 거리의 소도시들에 카지노 크루즈(Casino Cruise)라는 배들이 있었는데, 2~3시간 간격으로

8
26
31
0
12
15
4
25
1
30
777
WIN
777
STOP
CASINO

세션을 정해 부두에서 손님을 태우고 강에서 항해하는 동안 카지노 영업을 하고 다시 부두로 돌아와 다음 세션의 손님을 갈아 태우는 형태로 영업을 하고 있었다.

필자도 가끔 카지노 크루즈를 타보았는데 가져갔던 돈을 1시간만에 모두 잃으면 다시 부두로 돌아오기까지의 1~2시간은 편치 않은 마음으로 멀뚱멀뚱 시간을 때워야 했기에 카지노 크루즈 선상의 현금인출기를 통해 추가로 돈을 찾아 다시 카지노를 하곤 하였다. 그러다 보니 운수 좋은 날을 제외하면 예산을 초과하여 돈을 잃게 되기도 하였는데 이런 사태를 방지하고자 부두 주차장에 주차한 자동차 안에 지갑을 두고 현금 얼마만을 가지고 카지노 크루즈에 승선하곤 하였다.

예산을 초과하는 손실을 방지하는 대안으로 일종의 스톱 주문(Stop Order)을 내놓은 효과를 노린 것이었고 그러다 보니 가져간 현금만으로 2~3시간의 항해 시간을 즐기기 위해서 배수의 진을 치니 베팅을 조절하는 잔재주도 생겼고 손실을 보는 금액도 줄어 들었다.

훈련이 부족한 Trader들은 자신이 미리 정해 놓은 리스크를 초과하는 손실이 발생하는 경우를 많이 경험하게 된다. 수익이 난 거래들은 재빠르게 정리하여 이익을 챙기다보니 계좌 현황에는 손실이 나고 있는 포지션들만 남아 있게 되는 경우도 있다.

반면 성공적인 Trader들의 계좌 현황에는 대부분 이익이 발생하고 있는 포지션들만이 남아 있으니 적절한 손절매 원칙을 지키고 수익은 남겨 놓고(Let the profit run) 있다는 반증일 것이다.

'Don't fall in love with your positions! And use trailing stops!' 언제든 다시 포지션을 취할 기회는 제공되므로 자신의 포지션과 사랑에 빠지지 않토록 유의하여야 하며 Trading 규칙에 따라 과감히 정리할 포지션은 버릴 줄 알아야 한다. 정해진 손절매의 타이밍을 놓쳐 손실이 일정 금액 이상으로 커지면 더욱 손절매를 못하게 되고 갈 때까지 가보자 하는 심리마저 생겨나게 되는 것이 인간이다. 운좋게 시장 가격이 우호적으로 변하여 손절매를 못한 Trading에서 수익을 보게 된 경험은 언젠가는 더 큰 손실을 가능케 하는 나쁜 Trading 습관으로 자리잡아 추스릴 수 없는 큰 문제를 발생시키는 원인이 될 수도 있다.

자동차에 지갑을 두고 내리듯 미리 정해 놓은 손실 한도를 넘어가는 Trading을 방지하려는 방안을 필요로 하니 특정 가격을 터치하면 자동으로 스톱 주문이 나가게 하는 것도 그 중 하나가 될 수 있을 것이다. 스톱 가격의 설정폭은 시장 가격의 변동성과 손실 한도에 따라 달라져야 하며, 이익이 나고 있는 포지션도 스톱 주문을 사용하여 적절한 익절을 할 수 있는 변동 스톱(Trailing Stop)의 사용에 대해 고민해볼 필요가 있다.

18 선물투자자문회사(CTA)

첫 Trading의 기억

고등학교 1학년말 국어, 영어 등 어학 관련 성적이 수학에 비해 좋았기에 문과 이과 선택의 갈림길에서 너무나 단순하게 문과를 선택하였던 것이 직업까지 연계된 걸 보면 인생의 경로를 결정지을 수도 있는 중요한 의사결정이 너무나 단순하게 이루어지는 경우도 있는 듯하다.

때로는 중요한 의사결정이 주변 환경에 의해서 자연스럽게 결론내려지게 되는 경우도 있는데 필자의 본격적인 Trader로서의 삶은 그렇게 시작되었다.

TYFA는 미국 내 모 CTA 회사에서 시스템 트레이딩 개발에 참여하신 한국계 미국인 박사님을 헤드(Head)로 영입하고 Trading팀을 설립하였다. Trader 및 컴퓨터 관련 인력을 고용하고 그룹 계열사의 초기 투자 자금 $5,000,000로 선물 펀드를 설립하여 Trading을 시작하게 하였으나 빈번한 임의 거래(Discretionary Trading)로 인하여 시스템 트레이딩은 그 가능성을 입증하지 못하였고 수시로 Trading을 중단하여 시스템 트레이딩 전략상으로는 수익을 낼 수 있는 시장 상황이 왔을 때조차도 포지션없이 후회만 하는 등 선물 Trading 답지않게 적은 손실을 본 채 계속 횡보하는 수익률 곡선을 보여주고 있었다. 그후 이런저런 문제점들이 지적됨에 따라 Trading 팀장이였던 박사님은 TYFA를 떠나게 되었고 누군가 새롭게 Trading 팀을 끌고 가야만 하는 상황에 이르게 되었다.

Trading 교육을 많이 수강했고 나름 Trading에 관심을 가지고 있던 필자가 이 자리로 발령을 받게 되면서 필자의 본격적인 Trader로서의 생활이 우연스럽게 시작되었다. 그전까지의 Trading이 지지부진하여 4~5% 정도의 미미한 손실 상태에서 큰 변동폭 없이 장기간 머물고 있었기에 선물 Trading답게 과감히 운용하라는 주변의 요구가 많았었다.

이에 팀의 첫 운용회의에서 적극적으로 Trading을 하기로 결정하고 당시 Trader들의 권유에 따라 미국채권선물들(5Yr. 10Yr. 30Yr.)의 제법 많은 수량의 매도 포지션을 종가에 취하였다. 다음날 아침 미국의 월간 고용지표(Job Data)가 예상과는 큰 차이를 보이며 발표되어 모든 채권선물들이 하한가를 기록하게 되었고 하한가에 매도 잔량이 쌓인채 거래가 멈춰버렸다. 그 이전까지는 30년 미국채선물(30Yr. T-Bond Futures)의 상하한가가 ±3Point인지조차 몰랐었다. 하루만에 6%가 넘는 펀드 수익이 발생하자 포지션을 정리할까 말까 하는 즐거운 고민이 생겼고 경험 많은 미국 브로커의 조언에 따라 관련 국채 옵션시장 가격의 움직임을 관찰하게 되었으며 옵션 가격이 하한가의 선물가격보다 낮게 형성되고 있었기에 하루 더 포지션을 이월하였고 총 8%의 수익을 달성하고 관련 거래를 모두 종료하였다.

당시 필자 팀의 Trader들은 고민끝에 채권선물 매도를 추천하였을 지는 몰라도 필자의 입장에서는 순수한 운으로 발생한 수익이었고, 만약 반대로 매수 포지션을 취했을 때를 생각하니 아찔하였다. 어쨌든 당시 본사 대표이사께서는 자세한 내막도 모른채 펀드의 수익률 상승만 보시고 "민 대리 시키니 잘하네" 하고 칭찬을 하셨고 직장 생활 내내 Trading만을 하는 계기가 되었으니 이 또한 아이러니하다 하겠다. 그 이후부터는 스프레드(Spread) 거래를 제외하고는 정해진 전략에 따라 Trading을 하였고 자체적으로 시스템 트레이딩을 개발하여 +17.5%의 연수익률을 올릴 수 있었다.

미국 Trading 회사에서는 내 바로 위의 팀장급 상사가 사실상의 인사권과 급여 책정권을 가진 보스(Boss)이기에 미국 직장인들도 그의 눈치를 보며 회사 생활을 하고 있다. 오히려 대표이사 CEO와는 "Hi" 하며 스스럼 없이 지내는 모습을 종종 볼 수 있다.

사실 한두 명을 제외하면 모두 필자보다 나이가 많았음에도 필자의 Trading 팀원들도 항상 필자를 "Mr.Min"이라 부르며 필자의 눈치를 살피곤 하였다.

미국에서는 직원 채용 공고를 내지 않더라도 수시로 입사 희망자의 이력서를 받게 되는데 인종차별 문제 발생 소지가 있어 사진은 첨부되지 않는다. 또한 입사 희망원을 받게 되면 직원 충원의 필요가 없을 때도 그 결과를 반드시 답장해 주어야 함이 원칙이다. 한 번은 마음에 드는 입사 희망자가 있어 면접을 보기로 하였는데 면접날 만나보니 흑인이었다. 피부색에 대해 선입관이 없다고 스스로 생각하고 있었지만 결국 한국계 교포 한 명을 제외하고는 모두 백인들로 6~7명의 팀원들이 꾸려졌으니 필자도 인종에 대한 보이지 않는 편견이 있었다고 인정할 수밖에 없을 듯하다. 현지 채용 직원들에게 의료보험을 제공하는 등 채용 조건은 매우 좋은 편이어서 유능한 팀원들과 일할 수 있었다고 기억된다.

브로커(Broker) 친구들

최근에는 IT 기술의 발달로 채권 시장 등 몇몇 시장을 제외하면 트레이딩 플랫폼(Trading Platform)을 이용하여 Trading하는 것이 일반적이지만 1990년대 후반 온라인 브로커(Online Broker)의 등장 이전에 Trading을 하려면 브로커를 통해 유선상 주문을 접수시켰어야 했기에 경험 많은 브로커와의 유대 관계도 중요한 Trading의 요소 중 하나였다.

회사 부근에 번듯한 한식당이 없었다가 1990년 중반 서울에서도 불고기와 냉면으로 유명한 한식당의 지점이 시카고 시내에 문을 열게 됨에 따라 가끔 직원들과 회식도 하고 거래소, FCM, CTA 회사의 미국인들에게 한식을 대접하곤 하였다. 대부분의 현지 미국인들은 냉면보다는 불고기, 잡채 등을 선호했던 것으로 기억하고 있다. 대만계 미국인으로 화교 출신이라 한국말도 유창했던 CME의 아시안 마케팅 디렉터(Asian Marketing Director)였던 분은 훗날 대만 증권거래소 이사장까지 역임했었는데 반찬으로 나오는 묵 맛에 빠져서 이 식당의 단골이 되기도 하였다.

미국 브로커 회사의 초대로 미국 프로야구 MLB의 시카고 컵스

23
61

(Cubs), 시카고 화이트삭스(White Soxs) 경기를 관람하기도 하였다. 미국 프로농구리그 NBA 최강팀 시카고 불스(Bulls)의 경기를 보러갈 기회도 있었는데 당시 마이클 조던(Michael Jordan)의 미국 내 인기는 상상을 초월한 것이었고, 시카고에서의 그의 인기는 하나님 다음이였다고 해도 과장은 아닐 것이다. 비즈니스 미팅 전 스몰토크(Small Talk)의 주제는 시카고 불스와 관련된 것들이 주를 이루었다고 해도 지나치지 않을 정도였다. 1990년대 NBA를 6차례나 제패한 시카고 불스의 전성기 때 시카고에서 근무한 필자도 자연스럽게 시카고 불스의 열성팬 중 한 명이 되었고 아직도 관련 기념품들을 소장하고 있다.

당시만 해도 인터넷과 이메일이 발달하지 않아서 많은 업무를 팩스(Fax)를 사용하여 처리하였다. 미국 브로커 중 한 분이 한국 관련 소식을 매일 아침 팩스로 보내주었는데 특히 MLB에서 활약하던 박찬호 선수 관련 기사들을 빠짐없이 스크랩하여 보내주어 보는 재미가 쏠쏠하였던 기억이 난다. 팩스로 받아 본 1994년 성수대교 붕괴와 연이은 1995년 삼풍백화점 붕괴 소식은 안타까움과 부끄러움을 동시에 느끼게 한 사건들로 기억속에 남아 있다.

필자가 TYFA에서 근무하던 1991~1998년 당시 세계 주식 시장은 활황을 이어가고 있었으며 미국의 다우존스 지수가 3,000포인트를 돌파하고 파죽지세로 상승하여 9,000포인트까지 상승하였는데 이러한 주식 시장의 상승 추세는 각종 상품 시장의 장기 추세 형성과도 무관하지 않아서 TYFA의 Trading 수익 창출에 큰 도움을 주었다.

사실 다우존스 지수가 4,000포인트 초반이었을 때 가까이 지냈던 미국 FCM의 리서처 중 한 분이 필자에게 미국 주식 시장에 투자하는 뮤추얼펀드(Mutual Fund)에 개인적으로 투자해보라고 권유했었는데

한 귀로 흘려보내며 투자하지 않았다. 얼마전 다우존스가 35,000포인트를 돌파하는 것을 보니 지나간 일에 유난스러울 정도로 연연하지 않는 성격의 필자이지만 그때를 생각하니 아쉬움이 남는 것도 사실이다.

사실 10년 이상의 시장 경험을 가진 Trader라면 누구나 호재와 악재 속에서 파란만장한 우여곡절의 사연을 가지고 있을 것이다.

돌이켜보면 언제나 무한한 가능성과 기회를 제공해 주고 있던 것이 시장이니 인내심을 가지고 꾸준히 시장에 대한 관심과 노력을 기울인다면 이 순간조차도 새로운 수익의 기회를 포착할 수도 있지 않을까 생각된다.

19 선물 펀드(Futures Fund)

선물 펀드

주식과 채권 위주의 전통적인 투자 포트폴리오에 상품(Commodity)을 일부 추가함으로써 분산 투자 효과를 높이고 전체 투자 포트폴리오의 수익률을 제고할 수 있다는 세계적 경제 석학들의 논문이 속속 발표됨에 따라 1980년대 중반 이후 CTA(선물투자자문회사, Commodity Trading Advisor)들이 운용하는 선물 펀드가 매력적인 투자 포트폴리오의 하나로 미국 내에서 급부상하게 되었다. 이에 필자 회사인 TYFA도 국내기관 투자자들이 투자하는 선물 펀드를 준비하게 되었다.

최근 해외 선물 펀드들은 모두 헤지 펀드들로 변모하였고 선물 투자 ETF(Managed Futures ETF)도 상장되는 등 관련 투자 기회는 더욱 다양해지고 있으나 당시만 하여도 국내 기관 투자자용 선물 펀드 설립 및 판매는 나름의 큰 도전이었다.

TYFA는 미국 기관이나 미국 시민의 투자금을 받지 않는다는 예외 조항을 적용받아 미국 감독기관으로부터 CPO(선물기금운영회사, Commodity Pool Operator)로 등록 허가를 받고 선물 펀드 운영 관련 업무를 수행할 자격을 부여받을 수 있었다.

선물 펀드란 무엇이고 왜 필요한가?, 선물 펀드 현황 등에 대한 안내서 제작으로 시작된 국내 최초의 선물 펀드를 모집하는 과정은 그리 순탄치 않았다.

1990년대 초중반 국내에서는 주가 지수 선물 도입 예정과 맞물려 기관 투자자들은 선물 전문 인력 양성 필요성이 대두되고 있었고, TYFA는 선물 교육 프로그램을 여러 차례 주관해 본 경험을 가지고 있었다.

이러한 배경하에서 선물 펀드에 투자한 국내 기관 투자자들이 파견하는 직원들에게 시카고 현지에서 선물 관련 교육 프로그램을 제공하는 조건을 내세워 선물 펀드를 판매하기로 하였다.

미국에서는 법적으로 계약 이행의 의무가 따르는 각종 계약서들을 작성하기 위해서는 유능한 법률 회사(Law Firm)의 도움을 반드시 필요로 한다. 마침 시카고 소재 3대 법률 회사 중 한 곳에 한국계 여성 변호사분이 있어 선물 펀드의 투자모집서(Prospectus, Offering Memorandum) 및 관련된 각종 계약서를 완성시키는데 큰 도움을 받을 수 있었다.

외국 기관들의 선물 펀드 투자모집서는 우리의 현실과는 많은 차이가 있었으며 이사회의 구성, 교육 프로그램, 운용 및 성과보수를 포함한 제반 수수료 조건들을 조율시켜 반영시켜야 하는 등 선물 펀드 담당 실무자로서 듣도 보도 못한 영문 법률 용어들을 공부해야 했고 직장 생활 중 가장 많은 문서 작업을 해야 했다.

우여곡절 끝에 카리브해의 조세피난처(Tax Heaven)인 영국령 케이만 아일랜드(Cayman Islands)에 유한책임회사(Limited Liability Company) 형태로 한국 최초의 선물 펀드인 코리아퓨처스펀드(Korea Futures Fund, LLC.)가 설립되었고 $8,000,000의 최초 투자 자금을 받아 CTA들에게 자금 배분을 함으로써 투자가 개시되었다.

당시 존 그리샴(John Grisham) 원작 소설 '그래서 그들은 바다로 갔다'를 영화화한 톰 크루즈(Tom Cruise) 주연의 〈더 펌(The Firm)〉이란 영화의 배경으로 나온 케이만 아일랜드를 인상적으로 봤었던 필자가 혹시나 가볼 기회가 있을까 하여 주저함 없이 조세피난처(Tax Heaven) 목록에서 케이만 아일랜드를 선택하였고, 현지 관리 회사(Administrator)도 필자에게 가장 익숙했던 아메리카은행(Bank of America)으로 선정하였다.

두 번째 선물 펀드도 케이만 아일랜드에 유사한 구조로 설립되었으며 한 번의 경험이 있었기에 다소 수월하게 마무리할 수 있었다.

그 이후 국내 은행, 증권, 투신, 종금, 보험 등 다양한 기관 투자자들의 투자 금액은 $33,000,000까지 증가하였는데 채권형이나 주식형 펀드들에 비하면 보잘 것 없는 금액이지만, 선물 거래의 증거금이나 레버리지(Leverage) 효과를 고려했을 때 CPO로서 당시 브로커 회사들이나 CTA들과의 협상력(Negotiation Power)을 가질 수 있을 정도로는 충분한 운용 금액이었다.

선물 펀드 두 개와 선물 투자 일임 계좌(Managed Futures Account) 두 개의 투자금을 관리했던 CPO 업무는 Trading 업무와 함께 현지법인을 흑자 전환시키는 캐시 카우(Cash Cow) 역할을 수행하게 된다.

미국
멕시코
쿠바
자메이카
아이티
도미니카 공화국
과테말라
온두라스
니카라과
코스타리카
파나마
베네수엘라
콜롬비아
에콰도르
브라질
케이만 제도
리틀 케이만
케이만 브랙
그랜드 케이만
85 mi - 135 km
카리브 해

선물 투자 일임 계좌는 CTA가 운용하는 일종의 선물 랩 계좌(Wrap Account)로 이해하면 될 듯하다.

이러한 투자 자금들은 국내 IMF 사태가 발생함에 따라 모든 달러 투자 자산은 묻지도 따지지도 말고 환수 조치하라는 각 투자 기관들의 방침에 따라 썰물처럼 빠져나가게 되었다. IMF 사태 두 달만에 모든 투자 자금들의 환매가 일어남으로써 설립되었던 펀드들도 모두 폐쇄되었고 필자 회사의 CPO 업무도 허무하게 종료되었다.

IMF 사태로 인한 미국 달러화 가격 상승으로 인하여 모든 투자사들이 원화로 환산 이후 최소 100% 이상의 투자 수익률을 올리게 됨으로써 각 기관의 투자 담당자들의 체면을 세워줄 수 있게 된 것은 불행 중 다행이라 할 수 있겠다.

일반 이론 교육은 물론이고 모의 투자 및 실전 투자 기회를 제공받는 6개월간의 시카고 현지 교육 프로그램에 참가하였던 투자 기관의 파견 교육생들이 각 기관 내에서 국내 선물 시장 개설과 관련하여 중심 역할을 수행하게 된 것도 투자자 입장에서는 성과의 하나였다고 평가해본다.

각 기관의 파견 교육생들에게 일인당 $50,000의 금액으로 실전 선물 투자를 할 기회가 주어졌는데 대부분의 교육생들이 투자 손실을 보았다. 당시 Trading 수익을 올린 소수의 교육생들은 모두 각 금융 기관의 주식이나 채권 운용 담당자들이었으니 유능한 Trader는 운용 상품에 무관하게 수익을 낼 가능성이 높을 수 있다는 사실을 보여준 사례라고 보여진다. 이들 교육생들 중에는 이후 개설된 국내 코스피200 선물 시장에서 큰 수익을 올리며 유명한 선물 프랍 Trader가 된 분들도 있었다.

시카고에서 인연을 맺었던 모든 파견 교육생분들의 건승을 바래본다.

선물기금운용회사(CPO)

필자의 회사 TYFA는 CPO(선물기금운용회사)로서 개별 CTA(선물투자자문회사)들과의 협상과 계약을 통하여 펀드 및 선물 투자 일임계좌(Managed Futures Account)의 투자 실적 관리 등 제반 업무를 총괄하는 CPO 본연의 업무를 수행하였다.

선물 펀드의 경우 펀드 모집시 발간된 투자모집서(Prospectus) 상의 제반 수수료 등 비용들이 모집 요강에 따라 펀드별로 차이가 있을 수 있으므로 투자모집서가 허용하는 범위 내에서 CTA와 계약을 해야 한다.

국내 금융 기관들이 투자할만한 운용 자산과 실적을 가지고 있는 최우수 집단 내 CTA와의 계약시에는 개별 CTA들이 요구하는 최소 투자 금액 이상을 투자해야만 했으며 운용 금액에 따라 지급하는 관리 보수(Magement Fee)와 운용 순수익 발생시 지급하는 운용 성과 보수(Incentive Fee) 비율을 협상을 통해 각각의 CTA와 합의했어야 했다.

펀드 투자모집서에 투자 순수익의 20%를 운용 성과 보수로 지급할 수 있게 되어 있는 경우에도 때로는 복잡한 문제가 발생하는 경우가 있다.

운용 순수익의 20%를 각각의 운용 성과 보수로 주기로 하고 a, b 2개의 CTA에 위임하여 펀드 자산을 투자한 경우

a CTA의 운용 결과＝+$100,000
　성과 보수 $20,000
b CTA의 운용 결과＝−$100,000
　성과 보수 $0

이때 펀드 차원에서는 총 운용수익이 $0이므로 성과 보수를 누구에게도 지급할 의무가 없으나 a CTA와 20%의 운용 성과 보수를 주기로 계약한 CPO는 a CTA에게 $20,000의 성과 보수를 지급해야 하는 의무가 발생하게 된다.

또한 투자 손실을 발생한 b CTA를 새로운 c CTA로 교체 계약할 경우 b CTA의 손실분으로 인하여 c CTA와 계약할 때 성과 보수 산정의 기준(Incentive Fee Hurdle)을 어떻게 합의할 것인가 하는 문제도 발생한다.

어쨌든 이런 다양한 문제 발생 가능성이 있으므로 CTA 선정 및 계약은 주어진 조건하에서 신중하게 처리하여야 향후 문제 발생의 소지를 줄일 수 있게 된다.

CPO Box라 불리는 소프트웨어는 약 2,000개 CTA들의 과거 운용 실적은 물론 주요 Trader들의 다양한 배경, 운용 철학, 관리 및 성과 보수, 최소 투자 금액 등 각종 관련 정보를 제공하고 있었다.

CPO Box는 과거 데이터를 기반으로 하여 복수의 CTA를 선정하고 각각의 CTA에 가상의 자산 배분시 운용 결과를 단순 수익률뿐만 아니라 위험 대비 수익률 지표(Risk/Reward Ratio) 등 각종 지표들을 계산하여 알려주는 기능을 가지고 있어 CTA에의 자산 배분시 매우 유용한 도구로 활용되고 있었다.

당시에 자금을 맡길만한 최소 3년 이상의 운용 기간과 양호한 수익률을 가진 CTA들은 약 200개 정도로 압축되었으며 관심있는 CTA들을 유선상 연락하면 위험 명시 안내서(Risk Disclosure Document), CTA 계약서 등이 포함된 CTA 안내 책자 패키지를 받을 수 있었다.

이들 CTA 중 다수가 다양한 테크니컬 지표들을 이용 여러 개의 선물 상품들을 분산 투자하는 운용 전략을 가지고 있었던 것으로 기억된다.

제반 보수가 같다고 가정할 경우, 필자의 CTA 선정시 최우선 고려 사항은 운용 자산의 규모였다. 소위 미국의 난다긴다 하는 CPO들이 CPO Box 등 각종 소프트웨어와 운용 실적 관련 자료들을 면밀히 분석한 이후 운용 자금을 맡겼을 것이기에 결국 운용 자산의 규모가 CTA의 운용 능력을 대변해주는 척도라 판단하였으며 이러한 판단은 크게 틀리지 않았던 것으로 기억된다. 두 번째 고려 사항은 샤프 비율(Sharpe Ratio) 등의 위험 대비 수익률 지표(Risk/Reward Ratio)였다. 당시 국내 기관 투자자들은 고수익보다는 안정적인 수익이 목표였기에 자금을 관리하는 CPO로서는 이를 고려하지 않을 수 없었기에 단순 수익률보다는 위험 대비 수익률 지표를 CTA 선정시 중요한 지표로 사용하였다.

이러한 CTA들의 운용 실적 분석 경험들은 향후 Trader의 채용이나 평가시 필자 나름의 기준으로 자리잡게 되었다.

20

IMF 외환 위기

IMF(국제통화기금, International Monetary Fund)가 외환 위기를 불러온 것으로 오인될 수 있으므로 한국 외환 위기와 IMF 구제 금융이란 표현이 더 적합하겠지만 일반적으로 많이 회자되고 있는 IMF 외환 위기라는 용어를 사용하고자 한다.

지난 30년간 세계 경제에 먹구름을 드리운 굵직굵직한 사건 사고들이 국내외적으로 많이 발생하였는데 그중 1997년 IMF 외환 위기는 투자의 메커니즘은 물론 생활의 패러다임을 전환시킨 가장 큰 사건이라 생각된다.

동남아시아로부터 발단이된 아시아 외환 유동성 위기는 우리나라의 IMF 외환 위기를 초래하기에 이르렀고 이는 국가 경제 위기를 상징하는 대명사가 되어 버렸다.

미국 달러화는 2,000원에 육박하게 되었고 주식 시장에서 코스피지수는 280대까지 추락하였으며, 수많은 기업들이 부도가 나고 구조조정의

구조조정
IMF

여파로 평생 직장이란 개념이 사라지고 고용 시장의 불안이 장기간 지속되었으니 당시 우리나라 경제가 받은 충격은 실로 엄청났다고 할 수 있을 것이다.

온 국민들의 뼈를 깎는 고통 분담과 금 모으기와 같은 다양한 노력들의 결과로 예정보다 빠른 4년만에 IMF 관리 체제를 종료할 수 있었음은 그나마 다행이었다고 볼 수 있을 것이다.

현재 우리나라의 외환보유고는 세계 10위 이내로 증가하였고 외환 관련 순채권국이 되었다. IMF 외환 위기 당시보다 국내총생산(GDP)도 3배 이상 성장함으로써 국가 경제 전반에 걸쳐 체력이 강해졌음은 긍정적이라고 판단된다.

당시 미국 현지법인 TYFA에서 주재원으로 근무중이던 필자는 이듬해인 1998년 귀국 발령 예정이었기에 후임자 추천, 6개월 이상 타면 귀국시 세금이 면제되기에 자동차도 미리 구매하는 등 미국 생활을 정리하며 이런저런 귀국 준비를 하고 있었다.

청천벽력 같던 IMF 구제 금융 소식은 해외 통화 특히 미국 달러화 확보를 국가 차원의 긴급 현안으로 만들었고 이에 국내 기관들의 선물 펀드 등의 투자 자금은 썰물처럼 빠져나가 국내로 송금되었다.

남다른 애착을 갖고 일해 왔던 TYFA도 결국 IMF의 파고를 넘지 못하고 납입자본금 포함 모든 투자 자산들을 국내로 송금하며 문을 닫을 수밖에 없는 상황에 처해지게 되었다. 함께 하던 현지 채용 직원들에게 안타깝게 해고 통지를 하며 회사 청산 담당자로의 역할 수행을 마지막으로 7년간의 해외 주재원 생활의 마침표를 찍고 1998년 늦은 봄 귀국하게 되었다.

당시 선물 펀드 관련 파견 교육생들 중 IMF 사태의 여파로 소속 금융 기관이 문을 닫게 되어 어려움을 겪은 분들도 계시고 유명을 달리하신 분도 계시니 안타까운 일이 아닐 수 없다.

시카고 주재원 발령을 받고 나와 한국에서 이삿짐이 채 도착하기도 전에 발령 취소가 되는 바람에 급히 다시 귀국한 상사 주재원도 계셨고 달러화 강세 탓에 수많은 유학생들은 학업을 중단했어야 했다.

위기는 또 다른 기회를 낳는다고 은행 주재원으로 근무하시던 분 중에는 미국에 주저 앉아 살 생각으로 거주하던 여의도 아파트를 팔고 오신 분이 계셨는데 미국 달러화는 두 배 이상 상승하고 국내 부동산 가격은 반토막이 나는 바람에 더 큰 강남의 아파트를 사실상 1/4 가격으로 구입하신 운 좋은 분도 계셨다. 개인적으로는 그동안 저축해 놓은 달러화 상승탓에 귀국 후 개인 자산이 저절로 증가하는 행운도 맛보았다.

하루하루가 다르게 치솟던 미 달러화 가격에 주목하며 생애 처음으로 달러화 차트를 보며 송금 시기를 저울질 하였는데 당시만 하여도 미 달러화가 필자의 주요 Trading 대상 상품의 하나가 될 것이라고는 꿈도 꾸지 못하였다.

본사 복귀 당시 증권사에는 코스피200 주가지수 선물 및 옵션 시장의 개설과 함께 이를 거래하는 프랍팀들이 몇몇 있었으나 필자의 회사는 선물회사였던 관계로 Trading 팀이 아직 없었기에 영업팀 소속으로 시스템 트레이딩으로 소액이나마 해외 선물 상품 Trading을 계속하였고 때로는 고객의 주문도 받으며 새로운 환경에서 직장 생활을 하게 되었다.

미국 시간에 맞추어 생활하다 보니 밤에는 일하고 낮에는 자는 불규칙한 생활 습관탓에 나날이 살이 찌고 건강도 안 좋아지는 문제점들이 생겨나던차에 1999년 달러화 선물, CD 선물 등이 국내 거래소에 상장됨에 따라 본사에 발족된 Trading 팀의 일원으로 달러화 선물을 거래하며 낮에 일하는 프랍 Trader로서의 국내에서의 경력을 본격적으로 쌓아가게 되었다.

21

미 달러화(USD) Trading

해외 선물 상품 Trading시 서울에서는 시차에서 오는 문제점을 극복하기 어렵다는 판단을 내리고 새로 상장된 달러선물을 Trading하기로 마음먹었다.

해외 선물 상품들과 달러선물은 선물이라는 공통점만 있을 뿐 필자에게는 새로운 도전이었다. IMF 사태 당시 잠깐이나마 미 달러화 시장을 지켜본 적이 있었으며, 프랍팀에서 달러선물 Trading시 거래소 수수료와 유관 비용만을 부과받기에 거래 비용이 저렴하여 단기로 다량의 매매를 할 수 있다는 장점이 있었고, 신설된 시장은 성숙된 시장과는 달리 어딘가 허점이 있어 수익을 내기 용이할 것이라는 판단이 작용하였다.

세계 주요 6개국 통화(유로화 EUR, 일본 엔화 JPY, 영국 파운드화 GBP, 캐나다 달러화 CAD, 스웨덴 크로나화 SEK, 스위스 프랑화 CHF) 대비 미 달러화의 가치를 나타내는 달러 인덱스(Dollar Index)는 미 달러화의

THIS NOTE IS LEGAL TENDER
FOR ALL DEBTS, PUBLIC AND PRIVATE
A07717000A
WASHINGTON, D.C.
A07717000A
SERIES
2003
A
₩

움직임을 파악하는데 주요 지표로 사용되고 있다. 달러 인덱스를 구성하는 6개 통화 중 유로화(EUR)의 비중은 약 58%에 달하며 향후 미국과의 무역 교역량 증가에 따라 중국 위엔화(CNY), 멕시코 페소화(MXN)가 구성 통화로 편입될 가능성이 많다.

뉴욕 NDF(역외 차액 선물환, Non-Deliverable Forward) 시장에서의 미 달러화 가격은 특별한 추가 뉴스가 없는 한 국내 F/X(외환, Forex) 시장에서 장초반 미 달러화 가격 형성의 가장 중요한 기초가 된다.

기술적으로는 달러화 가격의 끝 두 자릿수가 20이 뚫리면 80까지 오르고 80이 뚫리면 20까지 빠진다는 2080의 가격 법칙이라는 것도 미 달러화 딜러들 간에 회자되던 때도 있었다.

우리나라는 수출입이 경제 전반에 차지하고 있는 비중이 크다보니 조선업 수주량 등의 수출입 통계, 외환보유고 등의 거시 경제 지표들은 Trading시 주목해야 할 요소들이며 수출업체의 네고와 수입업체의 결제 관습에 따라 월말에는 미달러화가 약세가 되고 월초에는 강세가 되는 일반적인 특성도 있으니 Trading시 참고할 필요가 있다.

금융통화위원회의 결과 및 당국의 통화 정책과 외환 시장에 대한 견해도 파악하고 있어야 한다. 외환 시장 안정을 위한 외환 당국의 직접 시장 개입이나 구두 개입, 미세 환율 안정화 조치(스무딩 오퍼레이션, Smoothing Operation)와 같은 외환 당국의 움직임과 관련한 긴급 뉴스에 대해 빠른 판단으로 시장에 대응하는 것이 중요하다.

IMF 사태 이후 한동안 외환보유고가 국내에서는 F/X 시장 관련 가장 주목받는 지표였으며, 예전에는 일본 엔화 움직임에 따라 우리나라의 원화 가치도 연동되어 변동하였고, 한때는 북핵 관련 뉴스가 변동성을 증가시키는 태풍의 눈과도 같은 역할을 하기도 하였다.

코로나바이러스가 극심했던 2020년에는 발표되는 국내 확진자 숫자 증감에 따라 순간적인 단기 매매가 성행한 적도 있으니 여타 시장과 같이 F/X 시장이 주목하고 있는 요소들도 정치, 경제 상황과 맞물려 변화하고 있으니 최근 시장 참가자들의 관심의 초점이 어디에 있는지를 파악하고 있는 것이 중요하다.

장중 중국 위엔화 변동과 증권 시장에서의 외국인 매매 동향은 변함없는 F/X 시장의 관심사들이라 할 수 있을 것이다.

달러선물 Trading 초창기에는 달러화가 점차 하향 안정화되면서 변동성이 줄어 들고 있어 다량의 수량으로 박리다매식 단기 Trading을 함으로써 수익을 올릴 수 있었다.

이론상 달러선물과 달러현물 가격은 미국과 우리나라의 금리차에 기초한 F/X 스왑 포인트(Swap Point)만큼의 차이를 두고 움직여야 하는데 시장 초창기에는 달러선물 가격이 이러한 이론가격을 벗어나 거래가 이루어지는 경우가 많았다.

(예 달러선물 이론가)

달러현물 가격=1120.50원

한 달 F/X 스왑 포인트=+0.50원(A)

한 달 후 만기 달러선물 이론가=달러현물 가격 1120.50원+(A)

=1121.00원

보름 후 만기 달러선물 이론가=달러현물 가격 1120.50원+(A)/2

=1120.75원

필자도 달러현물은 은행을 통해 유선 주문을 내고, 달러선물은 HTS를 통해 직접 주문을 내며 현물과 선물의 가격의 차이인 베이시스를 이용한 베이시스(Basis) 거래를 시도하게 되었다. 이러한 베이시스 거래 수행시 양손을 모두 쓰게 되므로 통상적으로 양손을 편하게 쓰는 왼손잡이 Trader가 유리하다.

현/선물 베이시스 거래란 현물과 같은 금액만큼의 선물을 거래하되, 이론 가격 대비 고평가되어 있는 선물은 매도하고 현물을 매수하거나 이론 가격 대비 저평가되어 있는 선물은 매수하고 현물을 매도한 후 선물 가격이 이론 가격에 수렴하면 반대 매매를 통해 수익을 창출해 내는 Trading 기법을 말한다.

(예 달러 현/선물 베이시스 거래)
달러현물 1120.50원
한 달 F/X 스왑 포인트=+0.50원(A)

한 달 후 만기 달러선물 이론가=달러현물 가격 1120.50원+(A)
=1121.00원

한 달 후 만기 달러선물 시장 거래 가격=1122.00원일 경우 이론 가격 대비 1원 고평가시

(A) 베이시스 거래 진입
달러선물 100계약(백만달러) 1122.00원 매도 &
달러현물(백만달러) 1120.50원 매수

한 달 후 만기 달러선물 거래 가격이 이론가로 회귀시(한 달 F/X 스왑 포인트＝+0.50원으로 불변 가정)

〈달러현물 가격 1125.50으로 상승시〉

(B) 베이시스 거래 청산

달러현물 1125.50원

한 달 F/X 스왑 포인트＝+0.50원

달러선물 거래 가격＝이론가＝1126.00원

관련 비용 0으로 가정시 손익

선물 손익

(A) 달러선물 100계약(백만달러) 1122.00원 매도

(B) 달러선물 100계약(백만달러) 1126.00원 매입

→ 달러선물 손익 −400만원

현물 손익

(A) 달러현물(백만달러) 1120.50원 매수

(B) 달러현물(백만달러) 1125.50원 매도

→ 달러현물 손익 +500만

총손익 : 선물(−400만원)＋현물(＋500만원)＝＋100만원

〈달러현물 가격 1115.50으로 하락시〉

(C) 베이시스 거래 청산
달러현물 1115.50원
한 달 F/X 스왑 포인트=+0.50원
달러선물 거래 가격=이론가=1116.00원

관련 비용 0으로 가정시 손익

선물 손익
(A) 달러선물 100계약(백만달러) 1122.00원 매도
(C) 달러선물 100계약(백만달러) 1116.00원 매수
→ 달러선물 손익 +600만원

현물 손익
(A) 달러현물(백만달러) 1120.50원 매수
(C) 달러현물(백만달러) 1115.50원 매도
→ 달러현물 손익 −500만

총손익 : 선물(+600만원)+현물 (−500만원)=+100만원

위의 예는 한 달 F/X 스왑 포인트 때문에 발생될 수 있는 비용 등 모든 거래 비용을 고려하지 않고 달러 현/선물 베이시스 거래의 이해를 돕기 위하여 간략화시킨 것이다.

달러 현/선물 베이시스 거래도 두 가지 경우의 위험 요소가 존재하니

첫 번째는 원하는 현/선물 가격에 체결시키지 못하거나 같은 금액을 체결시키지 못하는 경우이고 두 번째는 현/선물 간 가격차이(베이시스)의 기준인 한 달 F/X 스왑 포인트가 변동하는 경우가 그것이므로 무위험 차익거래(Arbitrage)와는 다르다고 하겠다.

달러 현/선물 베이시스 Trading은 당시에는 현실적으로 선물회사나 은행만이 가능한 투자기법이었고 시장 초창기라 이익 창출의 기회가 예상보다 많이 있었다. 시장이 성숙될수록 현/선물 베이시스 거래 기회가 줄어들고 있기에 현물이나 선물을 조기 체결(Leading)시키거나 지연 체결(Lagging)시키는 Trader의 순간적인 판단이 점차 중요해지고 있다. 코스피200 주가지수 선물과 개별주식의 바스켓을 이용하는 주식 현/선물 베이시스 거래도 유사한 메커니즘으로 이루어지고 있으며 시장 가격 변동의 방향성과 상관없이 수익을 창출할 수 있다는 점이 모든 현/선물 베이시스 거래의 최대 장점이라 할 수 있다.

그로부터 몇 년 뒤 대부분의 금융 기관들의 프랍 Trader들에 대한 성과급 규정이 일반화됨에 따라 프랍 Trader들에게는 고액의 성과급을 수령할 수 있는 새로운 기회가 찾아오게 되었다.

미국 서브프라임 모기지 부실 사태는 2008년 6,400억달러에 가까운 미국 역사상 최대 규모의 기업 파산이라는 투자 은행 리먼 브라더스(Lehman Brothers Holdings, Inc)의 파산으로 이어지고 이는 미국발 금융 위기가 세계 경제에 먹구름을 드리우게 한 대표적인 사건으로 기록되게 된다.

미 달러화 대비 환율 급변동을 막으려는 각국 중앙 은행들의 스무딩 오퍼레이션 등 각종 노력에도 불구하고 국내에서도 미 달러화의 변동성은 IMF 사태 당시 못지 않게 커지게 되었고 급등락을 거듭하며 장기간 지속되었다. 미 달러화 현/선물을 Trading하는 필자에게는 큰 기회였고 단기 달러선물 Trading과 달러 현/선물 베이시스 Trading을 투자의 기본전략으로 삼아 우수한 수익을 만들어 낼 수 있었다. 그 해 기본 연봉의 약 25배에 달하는 거액의 성과급을 받을 수 있었으며, 이듬해인 2009년에는 달러선물 상장 10주년을 기념하여 달러선물 거래를 꾸준히 해옴으로써 달러선물의 정착 및 성공에 기여함을 인정받아 Trader로는 유일하게 한국거래소부터 공로상을 수상하기도 하였다.

22
프랍 Trader의 자질

머리카락이 쭈뼛서고 등골이 서늘해지는 긴장감과 스트레스 속 Trading의 매력에 빠져 본 한 사람의 중독자로서, 잘해도 내탓, 못해도 내탓인 책임 소재가 명확한 Trading 업무를 영위해온 한 사람의 직장인으로서, Trading이 주는 성취와 만족, 후회와 좌절을 경험해본 한 사람의 Trader로서 직간접적으로 보고 느낀 수많은 프랍 Trader들의 성공과 실패의 사연들을 이야기해 보려 한다.

프랍 Trader의 채용과 육성

Trading을 담당하는 팀에게 있어서는 인적 자원이 가장 소중한 자산인만큼 Trader를 채용하는 것보다 중요한 의사 결정은 없다고 할 수 있을 것이다.

1990년대만 하여도 금융 기관의 경우 공개채용된 신입 사원들이 일정 기간 연수 교육을 이수한 후 각 희망 직군에 대한 지원을 하였는데 당시 신입 사원들 중 운용부서 지원자가 많아 동기들 간 경쟁이 심했던 것으로 기억하고 있다. 여러 가지 평가를 거쳐 최종적으로 각 Trading팀에 발령을 받은 신입 사원들은 OJT, 모의투자 등의 팀내 교육을 통하여 프랍 Trader가 되는 것이 당시의 일반적인 사례였다.

지원자들의 동기와 경력, 연수 성적 등이 기본적으로 중요하지만, Trading이라는 것이 막상 시켜보기 전에는 누가 잘할지 못할지를 판단할 수 없는 것이며, Trader가 되기를 희망하는 지원자들도 Trading이 실제 본인 적성에 맞는지 아닌지를 알 수 없는 경우도 많기에 딱히 운용 실적이 없는 신입 사원들을 Trader로 선발하기에는 현실적인 애로사항이 있는 것도 사실이었다.

'Trading은 가르치면 터득할 수 있다'고 믿는 필자의 신념은 직원 선발시 Trader가 되겠다는 지원자의 태도와 의지를 최우선의 선발 기준으로 삼았었는데 필자의 팀에 신입 사원으로 입사해 프랍 Trader로 이름을 떨치며 현업에서 지금도 활약하고 있는 Trader들이 다수 있으니 당시 팀원 선발 기준과 교육이 나름 성과를 거두었다고 자평해 본다.

2008년 프랑스 모 은행의 프랍 Trader가 71억달러에 달하는 선물거래 손실을 발생시키는 등 파생상품 거래가 활발해진 2000년대 이후 프랍 Trader 한두 명에 의하여 국내외에서 발생한 금융 사고들이 눈에 띄게 늘어나고 있어 각 금융 기관들의 프랍 Trading 관련 위험 관리의 중요성이 커지고 있다.

이에 따라 프랍 Trader를 자체 육성시키기보다는 신뢰할 만한 Trading 실적을 보유한 검증된 경력직 Trader를 선호하는 현상이 국내외 기관 투자자들 사이에서 두드러지고 있으며 시장의 평판(Reputation)을 통한 Trader의 자질과 도덕성 검증 절차도 강화되고 있다.

"사람이 의심가면 쓰지말고 썼으면 그 사람을 의심하지 말자"라는 말처럼 다양한 검증 절차를 거쳐 채용된 Trader들은 운용 한도와 권한을 위임받고 Trading을 통해 자신의 가치를 증명하려는 노력을 기울이게 된다.

한 가지 부연하자면 최근 금융 기관 취업을 희망하는 준비생들은 금융 관련 자격증을 취득하는 것 등의 스펙을 쌓는 것 못지 않게 블라인드 면접이 도입되는 등 면접이 차지하는 비중이 높아지고 있으므로 자기소개서를 준비함에 소홀함이 없어야 할 것이다. 필자도 여러 경로를 통하여 신입 사원 면접에 참여해보았는데 자신이 직접 경험하지 않은 것을 토대로 보기좋게 작성된 자기소개서는 면접 위원들이 쉽게 알아볼 수 있으므로 자기소개서는 진실에 기반하여 본인이 직접 작성하여야 할 것이다.

프랍 Trader의 학력과 전공

필자와 함께 시카고 현지 법인에서 근무했던 Trader들은 모두 미국 MBA 이상의 석박사 학위 소지자들이었으며 국내에서 함께한 Trader들도 국내외 유수 대학의 박사부터 석사, 학사 등 다양한 학력을 가지고 있었다.

증권 투자의 아버지라 불리우며 가치 투자 이론의 창시자인 벤자민 그레이엄(Benjamin Graham)의 가장 유명한 두 제자 중 한 명은 오마하의 현인이라 불리우는 살아있는 투자계의 전설 워렌 버핏(Warren Buffett)이며, 다른 한 명은 가치 투자 이론에 가장 충실했던 월터 슐로스(Walter Schloss)인데 월터 슐로스는 45년간 연평균 +15.7%의 수익률(누적 수익률 721배)을 기록한 투자의 거장이었는데, 그가 고졸의 학력을 갖고 있었다는 것은 널리 알려지지 않은 사실인 듯하다.

고학력 사회로 학력을 중시하는 우리나라에서는 월터 슐로스와 같은 성공한 고졸 Trader를 만나보기는 어렵지만, 필자의 경험으로도 소위 말하는 가방끈의 길이는 Trader로서의 성공과는 별 연관성을 갖지 못하는 듯하다. 다 그런 것은 아니겠지만 필자와 함께 근무했던 박사 학위를 가지고 있던 Trader분들은 장시간에 걸쳐 이론적 배경으로 만들어낸 Trading 전략을 사용하곤 했는데 '장고끝에 악수'라고 이 전략이 실패하게 되면 한동안 Trading을 못하고 다시 연구만을 거듭하셨으니, 막상 Trading을 통한 수익 창출과는 거리가 있을 수밖에 없었다.

퀀트(Quant) Trading과 같이 이론적 지식을 활용할 수 있는 Trading의 분야가 아니었다는 점도 하나의 원인이라 생각되지만 Trading과 관련한 경험과 훈련의 부족이 가장 큰 이유일 것이며 어쩌면 박사 학위를 소지하신 그분들에게 있어서는 Trading이 그리 절실하지 않았을지도 모른다는 생각도 든다. 학문적 성취를 폄하할 생각은 조금도 없지만 주식 투자로 소위 대박난 경제학과 교수님들을 만나는 것이 어렵다는 세간의 속설도 이런데서 나온 것이 아닌가 생각된다.

대학에서의 전공과 관련하여 경제 이론이나 회계, 통계 지식을 습득한 상경계 졸업자들이 Trading과 관련한 교육시 초반 이해도가 높아 빠른 성취를 보이는 경우가 많으나, 실제로 필자 주변에는 상경계 졸업자들 외에도 수학과, 신문학과, 사회학과, 건축과, 화공과 등 다양한 전공자들이 Trader로 좋은 성과를 올린 바가 있다. 시장을 분석할 때는 겸손하고 조심스러워야 하지만 때로는 적절한 위험을 감수하고 과감한 Trading 전략을 사용해야 수익을 얻을 수 있는 법인데 그런 면에서 어떤 학위를 가지고 있는가는 별 상관성이 없어 보인다.

국내에서 인정받고 있는 586세대 Trading 대가분들은 어수선한 시국 상황탓에 데모와 수업거부로 점철되는 대학 생활을 보냈기에 졸업후 Trading 관련 지식을 직장에서 습득한 분들이 대다수일 것이다. 시대도 다르고 시장도 많이 바뀌었다고는 하지만 그분들과 같은 나이 때를 비교한다면 Trading으로 성공을 꿈꾸는 젊은 Trader들의 Trading 관련 학습의 달성도가 더 뛰어날 것이라고 생각된다. 특히 젊은 Trader들에게는 기본적인 코딩(Coding) 및 소프트웨어 활용에 필요한 IT 관련 지식을 축적하고 해외상품 투자시 활용 가능한 어학적 역량을 갖출 것을 추천한다.

물론 금융 기관에서 금융파생상품을 설계하고 자산 가치 평가 업무나 기관의 투자 전반에 관한 위험 관리 업무를 담당하기 위해서는 금융(Finance)과 공학(Engineering)의 합성어인 금융공학(Financial Engineering)적 지식이 요구되어진다. 다양한 옵션 Trading, ELS나 DLS 상품 개발 및 헤지시 사용되는 장외 파생(OTC) Trading, 계량적 모델을 사용하는 퀀트(Quant) Trading 같은 경우는 통계학을 포함한 수학적 지식에 조예가 없으면 이해조차 불가능한 Trading 전략들이 빈번히 사용되고 있으니 Trading의 분야에 따라서는 배움이 많고 깊을수록 유리한 경우도 있는 것은 분명한 사실이다.

최근 오프라인은 물론이고 온라인상에도 깜짝 놀랄만큼 훌륭한 교육 자료들이 넘쳐나고 있으니 이를 적극 활용하면 관심있는 Trading 대상 상품과 관련한 지식을 습득하고 본인의 역량에 맞는 Trading 전략을 발견하여 적용할 수 있을 것이다.

Trading에 실패하는 중요한 원인 중의 하나가 무지(Ignorance)임을 고려하여 볼 때 적어도 무지해서 Trading에 실패하지 않을 정도의 지식을 끊임없는 노력과 학습을 통하여 갖출 필요가 있다.

23
프랍 Trading 팀

선물, 옵션 Trading

항상 새로운 투자 기회를 찾고 있는 Trader들에게는 시장 참여자들의 관심과 참여로 어느 정도의 유동성이 확보되어 소위 운용 가능(Tradable)하다고 판단되어지는 신규 투자 대상 상품의 등장은 언제나 반가운 일이 아닐 수 없다.

1990년대 중반 다양한 시장 관련자들의 기대와 노력으로 개설된 코스피200 선물, 옵션 시장은 국내 파생상품 시장의 본격적인 시작을 알리는 신호탄이 되어 금융 시장의 패러다임을 변경시키게 되었으며, 세계적으로도 상품 개발의 우수 사례로 손꼽히는 성공을 거두게 되었고, 현재까지 활발히 거래되고 있다.

코스피200 선물, 옵션의 등장에 즈음하여 다양한 시장 참여자들에 의하여 가격 형성의 기본 요소들에 대한 연구가 이루어졌고 기존 관련

상품과의 가격 연관성 및 선행성을 발견하고자 하는 노력 등을 통하여 Trading이 준비되어졌다.

사실 어느 시장에서든 A 가격 변동이 B 가격 변동에 선행한다는 것을 신뢰할만한 근거를 통해 확증할 수 있다면 단기 Trading을 통해 수익을 발생시킬 가능성은 매우 높아지게 된다. 선물 가격과 관련하여서는 이론적으로는 기초 자산(Underlying Asset)인 현물 가격의 변동에 따라 선물 가격이 변화되므로 현물이 선행 가격 상품이긴 하지만, 선물가격의 영향으로 현물 가격이 변동되는 '꼬리가 개를 흔드는(Wag the Dog) 현상' 등이 발생할 수 있어 주의가 필요하다.

단일 종목이 차지하는 비중이 유난히 크다는 특이성이 있는 코스피 200 지수이기에 초창기에는 S전자 주가 변동을 주목하며 이에 따라 코스피200 선물 Trader들이 단기 Trading으로 수익을 만들게 되었다.

가격의 선후행성을 이용하는 Trading 전략은 선물가격의 변동에 따라 옵션을 거래하는 Trading 전략으로 발전되었고, IT 기술로 무장한 Trader들에 의하여 자동매매 트레이딩으로 발전하여 큰 성공을 거두게 되었다. 이와 관련한 Trading 전략이 시장 참가자들 사이에 널리 알려짐에 따라 각 기관 프랍 Trader들 간에 천분의 1초(Millisecond)를 다투는 주문 체결 속도 경쟁으로 비화되는 상황에 이르게 되었다.

개별 주식의 현물 바스켓과 주가지수 선물 간의 가격 차이를 이용하는 베이시스 거래의 경우 시장이 성숙됨에 따라 무위험차익거래(Arbitrage) 기회가 희소해지고, 금융 기관들 간의 경쟁이 심화됨에 따라 주문 체결 속도와 체결 시스템의 안전성의 중요성은 더욱 커지게 되었고 관련 Trading 시스템 구축에 요구되는 IT 기술력의 적용 능력이 코스피200 현/선물 베이시스 거래의 핵심 요소로 자리잡게 되었다.

현/선물 베이시스 거래는 예전만큼은 아니지만 현물 가격과 선물 가격의 차이인 베이시스의 변화폭이 주는 위험에도 불구하고 아직까지도 꾸준한 수익 기회를 제공하고 있는 Trading 전략의 하나로 각광받으며 주가지수선물, 국채선물, 달러선물 시장 등에서 활용되고 있다.

초창기 옵션 시장에서는 수학적 지식을 보유한 옵션 Trader들의 성과가 돋보였는데, 일부 옵션 Trader들 중에는 만기가 다가옴에 따라 이론가 대비 고평가된 콜(Call)옵션, 풋(Put)옵션 등 옵션 상품들을 매도하여 수취한 옵션프리미엄을 수익원으로 하는 소위 양매도옵션 Trading전략을 사용하곤 하였는데 이러한 양매도 옵션 전략은 한번의 실패가 열번 성공해서 쌓아놓은 수익을 사라지게 하는 경우가 빈번히 발생하여 위험 관리상의 골칫거리로 전락되어 버렸다. 옵션 매도의 위험을 측정한다는 것이 사실상 불가능하기에 필자의 팀에서도 양매도옵션 Trading 전략을 사용하는 Trader를 고용해본 적이 없으며, 현재는 대부분의 기관 투자자들이 사용하지 않는 Trading 전략이 되어 버렸다.

앞서 국내 주가지수 선물, 옵션 시장에서 착오매매, 주문실수로 발생한 금융 사고로 문을 닫게 된 금융 기관도 있는 등 안타까운 사례들을 몇 가지 언급한 바가 있는데 이러한 누군가의 착오매매 발생시 소위 착오매매 포착 시스템(Wolf Trading System)을 이용하여 천문학적인 이익을 챙긴 금융 기관들도 존재하니 국내 파생상품 시장이 주는 명암의 하나라고 하겠다.

한때는 다양한 전략을 사용한 국내 주가지수 선물, 옵션 Trader들 중 20% 정도는 일반 직장인들의 상상을 초월하는 거액의 성과급을 수령하였으나 최근에는 주가지수 선물만을 Trading하여 지속적인 수익을 내는 프랍 Trader는 찾아보기 어려워지는 등 파생상품만을 Trading 하여서는 고수익을 올리기 어려운 시장 상황이 되었기에 현물이나 기타 상품을 함께 Trading하는 프랍 Trader들이 다수를 차지하게 되었다.

코스피200 선물, 옵션 및 개별종목선물 등 파생상품 시장의 가격 변동성은 그 자체로 매력적인 투자 기회를 제공하여 줄 수도 있으나 위험도가 높기에, 일반 개인 투자자들의 경우 관련 교육 이수, 모의거래 및 기본예탁금 제도 등을 포함하고 있는 선물, 옵션 매매 가능 요건을 충족시켜야만 Trading을 가능하게 하고 있다. 국내에서 거래되는 파생 상품별로 양도소득세 과세 기준이 차이가 있으므로 이에 대한 조사도 선행되어야 할 것이다.

코스피200 선물 가격과 이론 가격과의 차이, 현/선물 차익 및 비차익 거래 동향 등은 현물 주식 Trader들에게 시장 동향 파악을 위한 유용한 참고 자료로 활용되고 있으며, 경우에 따라 코스피200 선물, 옵션은 투자 포트폴리오의 헤징(Hedging) 도구로도 이용되고 있으니 그 쓰임새는 실로 다양하다고 할 수 있다.

국내외 파생상품들의 가격 변화에 관심을 기울인다면 경제 전반 및 시장의 관심 이슈에 대한 유용한 정보를 얻음으로써 Trading 성과를 제고하는데 도움을 주게 될 것이며 양날의 검과 같은 파생상품들을 어떻게 사용하느냐에 따라서 약이 될 수도 독이 될 수도 있으므로 Trading하고자 하는 파생상품에 대한 학습이 반드시 우선되어야 하며 Trading 전략 수립시 각별한 주의가 요구된다.

예측과 대응

컴퓨터의 날자 인식 오류로 대규모 기술 대란과 사고 발생 가능성을 제기하며 세상을 공포와 우려에 빠뜨렸던 밀레니엄버그 Y2K 문제는 세계 각국 정부들과 기업들이 천문학적 비용을 들여 대비했던 것에 비하면 하나의 기우에 그치며 마무리되었으니, 예상되어지는 문제들은 막상 닥치면 그리 큰 위험 요인으로 작용하지 않음을 보여준 하나의 사례로 남게 되었다. 반면 예상되어지지 않은 9 · 11 테러와 같은 전례 없는 사건 사고들의 발생은 세계 금융 시장에 충격을 주어 그 여파를 벗어나는 데는 엄청난 비용, 시간 그리고 노력을 필요로 했는데 1997년 우리나라의 IMF 사태, 2000년 닷컴버블(Dot-Com Bubble), 2008년 미국 서브프라임 모기지 사태와 리먼 브라더스(Lehman Brothers Holdings, Inc.) 파산 그리고 아직 진행 중인 2020년 코로나 팬데믹(Covid-19 Pandemic) 등이 대표적이라 하겠다.

미국은 우리나라와는 달리 성(Last Name)과 이름(First Name), 주소 등의 표기 순서가 반대이고 금융 시장에서 가격 하락을 빨간색으로 표시하고 있는 것도 다른 점이다.

안전과 관련한 긴급 전화번호도 우리나라의 119와 역순인 911인데 2001년 테러 집단이 9월 11일을 디데이(D-Day)로 결정한 배경이 되었다고 한다. 9 · 11 테러 당시 미국 경제의 상징인 뉴욕시(New York, NY)의 테러 현황이 생중계되었고 이는 미국인들을 공포의 도가니로 몰아넣었다. '테러와의 전쟁', '문명의 충돌'로 이어지며 미국 현대사의 가장 충격적인 사건으로 기록되고 있는 9 · 11 테러는 우리나라는 물론 세계 금융 시장에도 강한 충격을 주었다. 테러 발발은 주식

BUY!
SELL!
DAILY NEWS

Trader들에게는 분명한 악재이기에 단순하게 시장에 매도로 대응할 수 있었다. 반면 9·11의 테러 피해국이 미국만 아니었다면 고민없이 안전자산인 채권과 달러 매수 포지션을 구축했을 채권 딜러들과 미 달러화 딜러들은 장초반까지도 방향성을 자신 있게 예측하지 못하였으나 순발력있게 시장에 대응해 나감으로써 수익을 거두게 되었다. 결과적으로 9·11 테러는 전례 없는 사건 사고 발생시 어떻게 시장에 접근하는 것이 옳은지를 알 수 있게 해주었는데 이와 관련한 결론은 시장에 대한 어설픈 예측보다는 적절히 대응을 하는 것이 중요하다는 것이었다.

물론 2008년 미국 서브프라임 모기지 사태 당시 마이클 버리(Michael Burry) 등 소수의 집단만이 이를 예측하고 큰 수익을 거두어 〈빅쇼트(The Big Short)〉라고 영화화되기도 하였는데, 역설적으로 전례없는 사건 발생시 예측을 통해 큰 수익을 올린 사례가 얼마나 희소했으면 영화의 소재가 되었을까 라고 생각해보면 빅쇼트 주인공들의 성공은 사막에서 바늘찾기에 가까운 확률이었을 테니 누구나에게 가능한 일은 아니었다고 판단된다.

2020년 코로나 팬데믹(Covid-19 Pandemic) 발생 당시 대부분의 주식 Trader들은 주식 포지션을 대량 매도하고 현금보유량을 늘리며 적극 대응하였으며 코스피 지수는 1,400대 초반까지 빠지게 되었다. 이후 불과 20여 일 만에 코스피 지수가 1,800 근처까지 상승하자 난다 긴다 하는 유명 주식 Trader들조차 이를 단기 고점으로 예상하고 지속적인 매도 포지션을 취하였다가 이후 큰 상승장에 수익을 올리지 못한 경우가 많이 있었다. 위기를 기회로 인식하고 신규로 주식 Trading을 시작한 Trader들, 여유 자산으로 주식 투자를 하며 소위 말하는 버티기에 성공한 Trader들과 코스피 지수를 예측하지 않고 추세에 따라 시장에 대응한 Trader들만이 2020년 주식 상승장에서의 승자였음을 기억해야 할 것이다.

어느 시장이든 단기적으로도 방향을 예상하기 어려우니 하물며 특정 상품의 가격을 중장기적으로 예측한다는 것은 불가능에 가깝다고 할 수 있으며, 이러한 가격 예측이 정확했다고 하여도 실제 Trading 수익으로 이어지는 경우는 많지 않을 수 있음을 Trader들은 알고 있을 것이다. 다시 한번 강조하지만 지금 시장 가격이 정답임을 인정하고 Trading 전략에 따라 시장 가격의 변동에 대응해 나가는 것이 현명한 Trader의 자세일 것이다.

프랍팀 운영

Trading을 직업으로 살아온 Trader들 치고 나름의 개성과 고집이 없는 사람도 없기에 이러한 Trader들의 집합체인 팀을 효율적으로 운영하기 위해서는 세세한 규칙들을 필요로 하게 되며 특히 규정 관리, 위험 관리, 성과 관리, 보상 관리 등을 명확히 할 필요가 있다.

특히, Trading 관련 한도를 명시한 위험 관리는 가장 중요한 요소라고 할 수 있는데 일반적으로는 회사내 위험 관리팀과 합의된 운용 및 손실 팀한도 내에서 Trader별 운용한도 및 손실한도가 분배되어지고 사내 세부 규정에 따라 실시간 혹은 정해진 기간별로 점검되어지고 있다.

Trading 대상 상품이나 전략에 따라 팀 운영 방법들도 차이를 보이게 된다. 일반적으로 중장기 Trading을 하는 팀들은 장개시 전과 장 종료 후 일일 2회의 정기적 운용 회의를 하고 있으며, 열려져 있는 포지션 탓에 사실상 24시간 위험에 노출되어 있기에 특이 사항 발생시

시간에 상관없이 Trader 간 긴밀한 소통을 통하여 시장에 대응하고 있다.

단기 Trading 전략을 사용하는 팀들은 정례화된 운용 회의가 없는 경우가 많은데, 단기 Trading의 경우 개별 Trader의 능력에 대한 의존도가 높으며, 운용회의의 결과에 따라 Trader들의 특정 상품 포지션이 한 방향으로 쏠림으로써 팀 전체 위험을 증가시키게 되는 악영향을 피하기 위함이다.

Trader들의 스트레스의 대부분은 시장에서 받는 것이지만, Trader들 간의 보이지 않는 성과 경쟁도 스트레스의 요인으로 상존한다. Trading 성과가 저조한 선임(Senior) Trader는 팀내 후임(Junior) Trader들에게 얼굴이 서지 않게 되고, 경우에 따라서는 성과 좋은 후임 Trader들이 받을 수 있는 성과급을 받지 못하게 만드는 면목없는 경우도 발생시키게 된다. 이런 경우 후임 Trader에 대한 미안함에서 오는 스트레스로 인하여 자존감에 상처를 입고 회사를 그만두는 선임 Trader의 경우도 있으니 인간 관계에서 오는 Trader 간 갈등도 분명히 존재한다고 하겠다.

당국자미(當局者迷)라는 고사성어는 바둑을 두고 있는 당사자들보다 옆에서 보고 있는 사람들이 판세나 묘수를 쉽게 파악하곤 하는데서 유래하였는데 Trading에도 유사한 경우가 흔히 발생된다. 즉, 타인의 Trading을 지켜보다 보면 좋은 Trading의 수가 보이는 경우가 있을 수도 있지만 프랍 Trader들 간에는 책임지지 못할 바에는 결과적으로 맞든 틀리든 간에 서로의 포지션에 대한 직접적인 의견의 언급은 자제하는 것이 불문율로 되어 있다.

"지금 5만원인데 A주식 사세요. 무조건 10만원 갑니다." 갑의 훈수에 따라 을은 4만원이 오면 손절할 전략을 가지고, 병은 자금 사정상 한 달만 보유해볼 전략으로 5만원에 A주식을 샀다고 가정해보자. 5만원이었던 A주식이 3만원까지 빠진 채로 횡보하다가 한 달이 지난 후 갑자기 급등하여 두 달 후 10만원까지 오르게 되었다면, 훈수를 뒀던 갑은 가격이 빠진 한 달간은 조용히 있다가 두 달 후 자신의 말대로 10만원이 되었다고 기고만장할 수는 있으나 훈수를 받았던 을은 이미 손절매매하기로 한 4만원에 A주식을 손절매하였고, 병도 한 달간만 A주식을 보유할 수밖에 없었으므로 을과 병 양자 모두 손실을 본 이후였을 것이다. 극단적인 예일지 모르나 Trading을 하는 사람마다 위험에 대한 성향이나 전략이 다르므로 무조건이란 단서가 따르는 어설픈 훈수는 서로 안 하고 안 따르는 것이 옳다고 생각된다.

언젠가 하한가를 맞은 어떤 주식의 토론방에서 위기는 기회란 말을 냉소적으로 표현한 "위기란 단어를 거꾸로 하면 아무 뜻도 없는 기위가 됩니다"라는 댓글을 읽은 적이 있다. 실제로 그 주식은 나흘 뒤에 하한가 이전 가격 이상으로 상승하여 많은 투자자들을 혼란스럽게 만들었다. 문제는 하한가 당시 추가 매수할 현금이 없었던 Trader들에게는 고통의 시간만이 존재했었을 것이고, 하한가 이후 사흘간 손절매를 한 다수의 투자자들에게는 위기 탈출만이 목적이었을 것이다. 때로는 위기는 기회라는 근거없는 희망 고문으로 인하여 더 큰 위기에 빠져들 수도 있으며 아무리 훌륭한 조언도 내 상황이나 Trading 전략에 맞지 않는 것이라면 무용지물일 것이다.

넘쳐나는 시장 정보를 취사 선택하여 사용하는 지혜를 익혀야 함은 물론이고 Trading의 결과는 남 탓을 해봐야 소용없고 최종적으로 본인만이 책임지는 것임을 잊어서는 안될 것이다.

24
프랍 Trader의 명암

프랍 Trader 보상과 평가

운용 실적(Track Record) 및 평판이 Trader 채용의 가장 중요한 기준으로 작용하고 있음은 이미 언급하였으며, 각 금융 기관들은 프랍 Trader들에 대한 제각각의 보상과 평가 제도를 갖추고 있다.

2000년대 초중반 이후 정착화된 프랍 Trader들에 대한 성과급 제도는 운용 상품 및 Trading 전략 등에 따라 기본적으로 지급률의 차이가 있다. 운용 수익, 과거 운용 손실 처리, 인건비 등 일반 비용, 거래에 따른 기회 비용에 따라 손익분기점이 변동되는 등 고려되는 사항이 많고 성과급과 관련한 유보금 설정, 지급 방법과 시기도 팀별로 천차만별이며 같은 회사 내에서도 성과급 지급 산식은 사내비로 취급되기에 일괄적으로 파악하기에는 어려움이 따른다. 같은 팀내 Trader a, b, c의 성과급률이 운용 수익의 10%라 가정해보자.

• 개인별 성과급

	운용 수익	개인 성과급(10%)
a Trader	+100만원	+10만원
b Trader	+ 50만원	+5만원
c Trader	−200만원	0원
소계	− 50만원	+15만원

회사수익−65만원(성과급 지급 후)

회사 입장에서는 팀 운용 수익이 −50만원임에도 불구하고 a Trader, b Trader에게 성과급 15만원을 지급해야 하므로 성과급 계산 후 회사는 65만원의 손실을 보게 됨.

초기에는 개인별 성과 기준으로 지급되던 성과급은 상기와 같은 사례 등이 발생하므로 대부분 팀별 성과 기준에 따른 팀별 성과급 제도로 변화하여 금융 기관별로 정착하게 되었다.

• 팀별 성과급

	운용 수익	팀 성과급(10%)
a Trader	+100만원	0원
b Trader	+ 50만원	0원
c Trader	−200만원	0원
소계	−50만원	0원

회사수익−50만원(성과급 지급 후)

회사 입장에서는 팀 운용 수익이 −50만원이기에 성과급을 지급할 필요가 없기에 성과급 계산 후 회사는 50만원의 손실을 보게 됨. a Trader와 b Trader는 운용 수익을 창출했음에도 불구하고 같은 팀 Trader c의 운용 손실로 인하여 성과급을 받을 수 없게 됨.

상기 예와 같이 팀별 성과급 제도는 같은 팀원들의 손실로 인하여 운용 실적이 우수한 Trader도 성과급을 수령할 수 없게 하는 결과가 나올 수 있어 팀원 선발은 더욱 신중해지게 되었고, 신뢰할만한 경력의 Trader나 유명 리서처들만을 선호하는 현상을 낳게 함으로써 신입 사원들이나 개인 운용 실적(Track Record)이 없는 직원들이 프랍 Trader가 되는 기회는 급속도로 줄어 들게 되었다.

이러한 성과급 제도는 계약직 Trader는 물론이고 정규직 Trader들 중에서조차 우수한 실적의 Trader들에게만 Trading을 계속 할 수 있는 기회를 부여받게 함으로써, 결국 오랜 경력을 가진 Trader가 유능한 Trader일 수밖에 없으며, "강한 자가 살아 남는 것이 아니라 살아 남은 자가 강한 자"라는 냉혹한 Trading 업계의 현실을 반영하게 되었다.

Trader의 성과 평가와 관련하여서도 회사마다 기준이 다르고 정규직과 계약직으로 나누어지는 고용 형태에 따라서도 차이가 많아 일괄적으로 설명하기는 어려우나, 크게는 Trading 전략에 따라 책정된 수익 목표를 기준으로 하는 절대 평가와 개별 Trader들의 운용 수익을 기준으로 하는 상대 평가로 나누어진다. 국내 주식 프랍 Trader의 경우 운용 수익률과 동일 기간 코스피 운용 수익률을 비교 참고하는 등 운용 상품에 따라 성과 평가시 시장 수익률의 기준이 되는 별도의 지수를 참고하기도 한다.

통상적으로 Trader들에 대한 성과 평가는 회계연도 말일을 기준으로 실시되며 팀에 따라서는 성과급 지급 시기에 맞물려 연간 1~2차례 진행되기도 하는데, 성과급은 각 회사 규정에 따라 일정 비율을 유보시킨 후 지급되므로 Trader 퇴사시 유보되었던 금액을 포함한 성과급이 전액 정산되는 것이 일반적이다. 때로는 유보된 성과급 등 성과급 지급과 관련하여 해당 기관과 퇴사한 Trader 간 불미스러운 법정 소송이 발생하는 경우도 생기는데, 해당 Trader가 퇴사 당시 회사에 특별한 금전적 · 물리적 손실을 끼치지 않은 경우에는 퇴사한 Trader가 승소한 판례가 많은 것으로 알고 있다.

제아무리 신중한 검증 절차를 거쳐 선발된 Trader들이라고 하여도 이런저런 요인들로 하여금 미흡한 Trading 결과를 얻는 Trader들은 항상 존재하며 성과 평가 결과에 따라 회사를 떠나야만 하는 아쉬운 경우도 다반사로 발생하게 되니 Trading 관련 평가가 때로는 가혹하게 이루어지는 것도 프랍 Trader들이 감수해야 할 몫이라고 할 수 있다.

특히, 운용 한도나 손실 한도 초과와 같은 Trading과 관련한 직접적인 사안들은 물론이고 불공정 거래 적출 등으로 사내 법규준수팀 및 외부 감독 기관으로부터 주의나 제재를 받게 되면 Trader 평가시 큰 마이너스 요인으로 작용하게 된다.

일년 내내 정성들여 지어놓은 농사를 태풍에 의해 하루 아침에 잃어버리고 망연자실하는 농부와 같은 경험을 하게 되는 Trader도 있고, 길고 긴 슬럼프의 터널을 반전의 계기를 통하여 순식간에 벗어나는 Trader도 있으니 Trading의 결과만을 중시하고 과정을 중시하지 않는 경우 실적 평가상에 오류 아닌 오류를 낳게 되는 수도 있으니 평가자들은 주의를 기울일 필요가 있다.

양호한 실적으로 인하여 Trading 한도를 증액받은 이후부터 실적이 하향 곡선을 그리는 경우가 많은 것은 시장 상황과 무관하게 Trader의 경험 부족이 주된 원인인 경우도 있으니, 운용 한도의 Trader 간 적절한 배분도 또 하나의 Trading 관련 중요한 의사 결정이기에 팀장 포함 선임(Senior Trader)들은 이와 관련한 나름의 기준과 혜안을 가지고 있어야 할 것이다.

프랍 Trader 장 · 단점

필자가 근무했던 증권사들의 프랍 Trading을 담당하고 있는 자산 운용 본부는 운용 대상 상품에 따라 주식, 채권, 외환 F/X, 장외파생 OTC(Over the Counter), 파생상품 등으로 팀이 분리되어 있었고 운용 전략에 따라 팀의 세분화가 더욱 가속화되고 있는 추세이다.

금융 기관들의 가장 중요한 자산은 인적 자산임은 두말할 필요가 없으며, 자산 운용 분야도 예외는 아니어서 유능한 경력직 프랍 Trader를 영입하려는 금융 기관들의 경쟁은 꽤나 치열하다고 할 수 있다.

시장의 방향성이 Trading 수익을 결정하는 주요 요인으로 작용하는 팀들도 있고, 회사의 이름값(Name Value)이나 경쟁 회사 대비 영업력 등 회사의 제반 시스템이 Trading 수익에 영향을 미치는 팀들도 존재하며, 온전히 개인 Trader들의 역량에 따라 Trading 수익이 발생하는 팀들도 존재하고, 태생적으로 제1금융권인 은행들에 비하여 Trading 환경이 비교 열위에 있을 수밖에 없는 외환(F/X) Trading 팀과 같은 경우도 있다.

프랍 Trader들은 이러한 Trading 실적에 영향을 줄 수 있는 제반 요인들에 대하여 인지하고 있으며 주어진 환경, 운용 및 위험 한도

내에서 최선의 결과를 도출시키기 위해 노력하고 있다.

금융 기관 종사자들은 Trading이 주는 성취감, 명확한 책임 소재, 타 직종 대비 높은 성과급 체계로 인하여 잘되기만 한다면 Trading만한 업무도 없다고 흔히들 이야기하곤 한다. 물론 동전의 양면과도 같이 Trading이라는 업무 특성상 예상하기 어려운 위험성을 품고 있기에 Trader라는 직업은 불확실성과 관련한 몇 가지 단점들을 가지고 있다.

하루하루를 긴장 속에서 시장이 주는 스트레스를 이겨내며 자신과의 힘든 싸움을 계속하다 보니 각종 자잘한 건강상의 문제를 달고 생활하고 있는 경우가 많아 프랍 Trader들의 책상 위에서 각종 영양제, 위장약, 인공눈물 등을 어렵지 않게 발견할 수 있다.

인사 평가시 정성 분석에 기초한 역량 평가보다는 정량 분석에 따르는 수치화된 성과 평가에 영향을 많이 받을 수밖에 없기에 다수의 프랍 Trader들은 35~45세의 나이에 경력의 정점을 찍는 경우가 많으니 금융 기관 내 다른 업무 직종과 비교하여 볼 때 소위 장기 근속(Long Run)을 하기는 여의치 않은 것이 현실이다.

또한, 동종 업종의 지인들과만 자연스럽게 어울리게 됨에 따라 Trading과 무관한 외부 세계와 단절된 생활을 하게 되어 대인 관계의 폭이 좁아지는 경우도 흔히 있다.

배운 게 Trading이고 해온 게 Trading이다 보니 딱히 다른 재주가 없기에 다른 업종으로의 이직이나 창업 등을 고려할 경우 어려움이 따른다는 것도 단점의 하나라고 생각된다.

지난 경험에 비추어볼 때 위에서 언급한 여러 단점들에도 불구하고 Trader는 분명 도전해볼 가치가 있는 직업이라고 필자는 생각하고 있다.

25

프랍 Trader의 성공

성공한 Trader의 특징

성공한 Trader들은 어떠한 공통점들을 가지고 있었는지를 알아보는 것도 큰 도움이 될 것이라 생각된다.

신입 사원들이나 후임(Junior) Trader들이 괄목할만한 실적의 Trader로 성장한 사례도 제법 되는데 모의투자 등의 팀내 교육에 임하는 그들의 태도가 남달랐다고 기억된다. 그리스 신화에서 유래한 피그말리온 효과(Pygmalion Effect)는 교육자들의 기대나 격려를 통해 피교육자들은 교육에 대해 긍정적인 관심을 갖게 되고 이로 인하여 교육 성취를 높일 수 있다는 것인데, Trading을 가르칠 수 있다고 믿는 교육 담당자들의 신념과 배우겠다는 피교육자들의 열정이 조화를 이룬 결과라고 판단된다. 세 사람이 길을 가면 반드시 나의 스승이 있다고 동료 Trader들의 지식과 좋은 습관을 익히려고 꾸준히 노력하고 강한 지적

호기심으로 Trading 관련 학습을 게을리하지 않은 Trader들만이 성공에 이르게 되니 Trading에 대한 배움의 자세는 성공한 Trader가 되는 첫 번째 조건이라고 할 수 있다.

Trading에 성공하기 위해서는 강한 정신력과 심리적 무장을 필요로 할 때가 많은데, 성공한 Trader들에게서 보여지는 또 하나의 특징은 긍정적인 사고의 자기 암시를 하고 있다는 것이다. 필자도 아침에 눈을 뜨면서 "Trading으로 돈 벌기 좋은 날이다"라는 자기 암시를 통해 하루를 시작하곤 하였다. 미국의 발명가이자 사업가였던 찰스 케터링(Charles Kettering)의 "실패가 불가능한 것처럼 믿고 행동하라(Believe and act as if it were impossible to fail)" 등의 긍정의 힘을 표현하는 명언들을 좌우명으로 삼고 있는 Trader들은 어떠한 난관이 닥쳐도 굴하지 않고 헤쳐나갈 수 있을테니 긍정적인 자세와 마음을 가지는 것의 중요성은 아무리 강조해도 지나치지 않을 것이다.

Trading에 성공하려면 "생활을 정돈하라(Organize your personal life)"라는 말이 있듯이, 성공한 Trader들은 Trading 외적으로도 자기 생활에 충실하고 자기 관리에 철저한 사람들이다. 가화만사성(家和萬事成)이라고 이러한 노력의 밑바탕에 깔려 있는 가족의 힘을 간과할 수 없으니 Trader들은 책상 위에 놓여 있는 가족사진을 보며 동기부여 되고 눈에 보이지 않는 힘을 얻곤 한다. 실제로 결혼 후 가정을 꾸린 후 실적이 좋아지는 Trader가 많아짐은 가족의 힘을 보여주는 반증이라 할 수 있을 것이다.

성공한 Trader들은 정해진 시간에 항상 같은 일을 반복하는 등 확고한 생활의 루틴(Routine)을 가지고 있어 시간을 효율적으로 사용하는 시테크를 실천하는 사람들이라고 할 수 있는데, Trading에 요구되는 집중력도 결국에는 체력이 받치어줘야 하는 만큼 체력 관리와 스트레스 해소를 위하여 새벽이나 저녁 시간을 이용하여 헬스센터에서 땀을 흘리는 경우가 많으며 자전거로 출퇴근하고 엘리베이터가 아닌 계단만을 이용하기도 한다. 악기를 배우거나 각종 전시회나 운동 경기 관람 등 나름의 취미 생활을 하며 스트레스를 풀기도 한다. 돈을 벌었으니 기분 좋아 한잔, 돈을 잃었으니 마음 상해 한잔 하며 Trading 결과를 핑계로 낮부터 술판을 벌이는 Trader들 치고 롱런(Long Run)하는 경우를 보기 어려우니 안정된 생활과 자기 관리를 통하여 다음 날의 Trading에 임할 때 최상의 심신 상태를 유지하고자 하는 성공한 Trader들의 절제와 노력을 간과해서는 안 될 것이다.

전설적인 투자의 거장(Market Guru)들은 "투자 규칙을 준수하고 훈련에 매진하라(Don't break your trading rules! And stick to your discipline!)"라고 말하며 Trading의 제1의 성공 요인으로 디서플린(Discipline)을 꼽는데 주저하지 않는다. 디서플린은 훈련, 수양, 단련, 징계, 규율, 고행 등 다양한 사전적 의미를 가지고 있는데 이러한 의미들을 곱씹어보면 일맥상통하는 면이 있음을 알 수 있다. 이러한 Trading을 위한 일련의 훈련들은 장 시작 전 잠깐 심호흡과 명상을 하는 습관을 몸에 기억시키는 등의 단순한 시도로도 시작할 수 있다. Trading 일지를 쓰는 것으로도 시작할 수 있는데 이는 자신의 강점과 약점을 파악하는데 도움이 되고 실패한 Trading으로부터 중요한 교훈을 얻게 하며 객관적으로 Trading을 평가할 수 있는 도구로 활용될 수 있다.

Trading 수익을 자신이 받을 성과급 금액으로 연동시켜 매번 계산하는 프랍 Trader들을 종종 볼 수 있는데 탐욕스러운 Trader들은 스스로

스트레스를 이기지 못하고 중도 하차하게 되는 경우가 많으니 최선을 다하여 Trading을 한다면 그에 걸맞는 금전적 보상은 따라오게 될 것이라고 생각하는 것이 올바른 프랍 Trading의 자세라고 판단된다.

어떠한 시장 상황하에서도 자신의 감정을 다스릴 줄 알고, 탄탄한 위험 관리 전략에 기반한 자신만의 Trading 규칙을 가지고 있으며, 자신의 Trading 규칙을 지킬 수 있는 능력을 갖추기 위한 다양한 훈련을 통하여 성공한 Trader는 탄생하는 것임을 항상 명심해야 할 것이다.

공짜 점심이 없는 Trading 세계에서 성공한 Trader들이 남긴 흔적들은 시사하는 바가 적지 않다고 판단된다.

프랍 Trader 성공과 은퇴

시대가 바뀌어감에 따라 좋은 직장의 개념도 바뀌어 가고 있으니 급여 수준과 복지 혜택을 중시함은 물론이고 최근에는 워라밸(Work-Life Balance)이라 불리우는 일과 삶 사이의 균형도 강조되고 있다. 직장인의 10명 중 8명은 현재 직장이 평생 직장은 아니라고 생각한다는 설문 조사를 본 적 있는데 절반에 육박하는 가장 큰 이유가 "정년까지 보장받는 안정된 직장이 아니라서"였으니 그런 면에서 보면 금융 기관에 소속된 프랍 Trader들은 정년을 보장받는 경우는 현실적으로 없다고 보아도 무방하니 그리 좋은 직업이 아니라고 할 수도 있을 것이다. 게다가 숫자 위주의 성과로 평가되는 Trading의 특성상 타의에 의해 업계를 떠난 무수히 많은 Trader들을 보아온 필자이기에 Trading이 누구나에게 적합한 직업은 아니라는 사실에 동의할 수밖에 없다.

외부에서는 Trader의 성공 기준을 단순히 돈과 관련하여 평가하는 경향이 많은데, 필자의 직장 동료였다가 좋은 조건으로 타직장에 스카웃되어 Trader로 이름을 떨치다가 건강이 악화되어 젊은 나이에 세상을 등진 안타까운 사례도 있으니 반드시 금전적 기준만으로 Trader로서의 성공 여부를 판단하는 것은 적당치 않은 경우도 있는 듯하다.

그럼에도 불구하고 다수의 금융 기관 종사자들과 젊은 취업 준비생들이 성공한 Trader가 되기를 꿈꾸며 노력하고 있으니 아마도 상대적으로 높은 급여 수준, 시간 활용에 따른 만족스러운 워라밸 달성, 시장이 주는 도전 의식과 성취감, 명확한 업무상의 책임 소재, 이직이나 퇴직 후 재테크 수단으로 활용 가능성 등이 Trader라는 직업의 매력이 아닐까 생각되며, Trading만 잘 된다면 이보다 멋진 직업도 없다고 자신있게 언급할 수 있다.

Trader로서 성공 여부에 대한 판단은 다른 여타 직업과 마찬가지로 본인 스스로의 다양한 평가 기준에 달려 있을 것이나, 필자가 생각하는 Trader로서의 성공의 기준은 분수를 지키며 만족할 줄 아는 자세인 안분지족(安分知足)이 아닐까 생각해 왔다. 목표한 수익을 거두고 Trading을 그만 둔 사람을 고수라고 칭하는 것도 그런 이유일 것이라 생각된다.

필자도 휴가일을 제외하면 하루도 쉬지 않고 Trading을 하였으며 2011~2013년 당시 영업일수 기준으로 500일 이상 손실없이 연속 수익을 달성하기도 하였고, 프랍 Trader로서 근무하는 기간 내내 월간 기준으로 단 한번의 손실도 발생한 적이 없기에 최고의 승률(Hit Ratio)을 보유한 프랍 Trader의 한 명으로서 개인 운용 실적(Track Record)에 대한 나름의 자부심도 가지고 있다.

지금은 은퇴중입니다

필자와 함께 일했던 Trader들 중 다수는 아직 현업에서 활동하고 있으며, 나름의 해피엔딩(Happy Ending)으로 40~50대의 다양한 연령대에서 자의로 은퇴한 프랍 Trader들도 적지 않다.

은퇴 후 투자 관련 일에 계속 종사하는 경우로는 개인전업 투자자가 된 사람들이 가장 많은데 기관에서 근무할 당시 사용하던 Trading 전략의 적용이 그나마 용이한 주식 관련 Trader들은 나름의 성과를 거두고 있는 것으로 알고 있으며, 스타트업(Start-Up)이나 벤처기업을 통해 제2의 투자 기회를 모색한 사람들과 투자 관련 유명 유튜버로 자리잡은 사람들도 있다.

Trading과는 무관한 제2의 직업을 찾은 사람들도 많은데, 평소 관심 있던 분야에서 창업한 사람들, 자격증을 취득하여 새로운 직장 생활을 시작한 사람들, 학업을 재개하여 대학과 연구 기관에서 강의를 하는 사람들, 학창시절 전공을 살려 유명 학원 수학강사가 된 사람들 등 다양한 분야에서 활동하고 있다.

물론, 연봉의 수십 배에 달하는 성과급을 받고 미련없이 시장을 떠난 Trader 중에는 건물주가 된 사람들도 있고 여행, 골프, 음악 등 취미 생활로 하루하루를 보내는 사람들도 있으니 경제적 자립(Financial Independence)의 'FI'와 조기은퇴(Retire Early)의 'RE'에서 온 파이어족(FIRE)이란 말을 자연스럽게 떠올리게 된다.

26
골프와 Trading

가끔 주말이면 지인들과 어울려 골프(Golf)를 치곤 한다. 필자는 주변에서 흔히 볼 수 있는 핸디캡(Handicap)을 가진 평범한 주말 골퍼(Golfer)인데 골프가 Trading과 여러모로 닮아 있다는 생각을 자주 하곤 하였다.

우선 골프는 경기장은 넓은데 클럽(Club)으로 작은 공을 치다 보니 예상치 못한 상황이 너무 많이 발생하는 스포츠이다. 시장에도 수많은 변수들이 도사리고 있으니 어떤 투자 상품이든 똑같은 가격 움직임을 보여주는 법이 없으며 골프 코스의 워터 해저드(Water Hazard)나 모래 벙커(Sand Bunker)와 같은 어려운 위험들이 숨어 있다. 강세장에서는 호재가, 약세장에서는 악재가 많이 반영되는 등 동일한 뉴스도 시장 참가자들에 따라 달리 해석되니 어느 장단에 맞추어 춤을 추어야 하나 고민될 때가 한두 번이 아니다.

골프를 치다 보면 눈 감고도 성공할 듯한 퍼팅(Putt)에도 실패하는 경우가 발생한다. "명확함을 피하라!(Avoid the obvious!)"라고 지나칠

정도로 자신있고 분명해보이는 시장 상황에서 오히려 수익이 발생하지 않는 반면, 불투명한 시장 상황에서도 예상치 못한 호재덕에 더 큰 수익이 발생하는 것도 Trading의 묘미 중 하나일 것이다.

운 좋은 초보 골퍼가 프로 골퍼들도 하기 어렵다는 홀인원(Hole In One)을 하기도 하는 것이 골프이듯 초보 Trader들 중에서 드물지만 소위 대박을 터트리는 경우도 있는 것을 보면 Trading에도 소위 '운발'을 무시할 수는 없을 것이다. 그러나 유명 골프 잡지의 자료에 의하면 150야드(Yard) 거리에서 프로 골퍼의 홀인원 확률은 1/3,000이고 초보 골퍼의 그것은 1/12,000이라 하니 홀인원이 운에 의한 것만이 아님을 알 수 있다. 골프 스윙(Swing)을 몸에 익히려고 연습하는 대다수의 골퍼들처럼 Trading도 꾸준한 훈련과 노력이 뒷받침되어져야 성과를 올릴 수 있는 것이다.

골퍼들이 가장 두려워하는 생크(Shank)가 나거나 스윙의 입스(Yips)가 왔을 때 무리하지 말고 때로는 쉬며 자신의 스윙을 가다듬는 시간이 필요하듯 Trading도 재충전을 할 필요가 있다.

사람의 집중력과 판단력은 한계가 있는 법이니 지나치게 몰입하여 수수료만 지급하는 Trading을 위한 Trading을 하는 충동 매매를 지양해야 한다. 때로는 트레이딩 플랫폼의 가격 모니터에서 눈을 떼고 객관적으로 시장을 평가하려고 노력해보자. 골프도 Trading도 궁극적으로는 타인과의 승부가 아닌 자신과의 싸움이므로 마인드 콘트롤(Mind Control)을 필요로 한다. 날씨 좋은 점심 시간 여의도 공원을 가득 메우는 넥타이 부대들은 운동을 하러 나온 것이 아니라 마음을 가다듬기 위해 나와 있는 것임을 잊지 말자.

너무 쉬운 일은 중독성이 없어 흥미를 잃기 쉽듯이 골프도 어렵고

Trading도 힘들기에 일단 시작하면 그 중독성에 빠져 쉽게 포기를 못하게 하는 특성을 가지고 있다. 될듯 될듯 안되다가도 되는 날은 공이 카트(Wheeled Cart) 도로를 맞고 버디(Birdie)라도 하나 하게 되면 그 날 라운드(Round)의 모든 실수들을 까맣게 잊고 희희락락하며 돌아오는 골퍼처럼 10번을 손실봐도 1번의 수익에 취하게 만드는 것이 Trading의 중독성이다.

우승한 프로 골퍼들의 인터뷰를 듣다 보면 "리더보드(Leader Board)는 보지 않고 나만의 경기에만 집중했다"라는 말을 자주 듣게 된다. 실제로 선두 그룹 선수들의 성적을 표시하는 게시판인 리더보드를 보았냐 안보았냐 여부가 중요한 것이 아니라 그만큼 자신만의 경기에 집중했다는 점이 대단한 것이다. Trading은 시장과 나와의 승부이지 남과의 경쟁이 아니다. "앞집 아줌마가, 내 옆자리의 동료가 Trading으로 얼마를 벌었다더라" 하며 상대적 박탈감과 경쟁 의식을 가지는 것은 자신의 전략과 규칙대로 Trading을 하는데 플러스 요인이 되지 않는다. 프랍 Trader 중에도 간혹 옆자리의 Trader가 a주식을 500주 매수하면 자신은 a주식을 1000주 매수하는 경우가 있는데 경쟁 의식이 지나치게 강하고 겉멋든 Trader치고 성공하는 경우를 보지 못했다.

골프도 자신만의 루틴(Routine)과 규칙, 위험 관리 능력이 필요로 하며, 코스 공략시 프로 골퍼들의 야디지 북(Yardage Book)까지는 아니더라도 나름의 전략을 필요로 한다는 점도 Trading과 닮은꼴이라 할 수 있을 것이다.

골프는 항상 "그때 그 퍼팅(Putt)만 들어갔으면", "그 공이 모래벙커(Sand Bunker)에만 안 들어갔으면 '라베'(Lifetime Best Score)를 칠 수 있었는데" 하는 후회를 남긴다. Trading도 항상 미련을 남긴다. "그 때

그 가격에 샀었으면", "그 뉴스를 조금만 일찍 알았었으면" 골프나 Trading이나 홀아웃(Hole Out) 하고 장이 마감되면 어차피 돌이킬 수 없으며 잘했든 못했든 결과에 대해 책임지게 되어 있는 것이 골퍼와 Trader의 숙명이다. 지나간 실수를 반복하지 않기 위한 노력은 중요하나 막연한 후회나 미련은 도움이 되지 않는다. Trading에서 실수를 반복하지 않기 위해서는 Trading 일지를 통해 기록해 놓고 가끔 읽어볼 것을 권유한다. 똑같은 실수가 얼마나 자주 반복되고 있는지를 깨닫게 될 것이다.

골프처럼 핑계가 많은 스포츠도 없는 듯하다. 날씨부터 시작하여 몸의 상태, 캐디(Caddie)의 조언, 깃대의 위치, 동반 플레이어는 물론이고 앞 뒤 팀의 플레이어들까지 당일 라운드의 실패 원인으로 언급될 정도이니 가히 끝이 없는 핑계의 연속이라 할 수 있다. Trading도 실패의 핑곗거리를 찾기 시작하면 끝도 없이 나열할 수 있을 것이다. 흔히 성공한 Trader의 특성에 대한 정보들은 차고 넘치는데 Trading 실패의 원인에 대해서는 간과하는 경향이 많은 듯하다. 대체로 Trading에 실패하는 원인들은 아래와 같다.

- 두려움(Fear)
- 탐욕(Greed)
- 무지(Ignorance)
- 관대함(Generosity)
- 실수(Mistake)
- 어리석음(Stupidity)
- 성급함(Impatience)
- 건방짐(Arrogance)
- 자기기만(Self-delusion)

Trading에 실패한 원인이 무엇인지 상기 9가지 중 찾아 기록하다 보면 Trader로서 어떤 점을 더 강화하는 노력을 기울어야 할 것인지를 판단하는데 효율적인 자료로 활용될 수 있을 것이다.

1930년생으로 현재도 왕성히 활동 중인 워렌 버핏(Warren Buffett)의 경우를 볼 때 골프는 크고 작은 부상이 생길 수는 있어도 몸싸움이 발생하는 다른 스포츠에 비하면 나이들어서도 즐길 수 있다는 점도 Trading과 유사하다고 할 수 있을 것이다.

우리 시대 최고의 골퍼라 할 수 있는 타이거 우즈(Tiger Woods)의 "당신은 언제나 더 잘할 수 있다(You can always become better)"라는 골프 명언도 있듯이 긍정적인 사고로 노력하다 보면 Trader로서 더 발전한 자신의 모습을 보게 될 것이다.

골프에서든 Trading에서든 만족할 만한 멋진 스코어 카드(Score Card)를 받아볼 수 있기를 바래본다.

27
투자 격언

해마다 새해가 오면 새해 결심과 함께 새해의 길흉과 관련된 경각심을 불러일으키는 효과가 있어서인지 토정비결을 보는 사람들이 많이 있다. 토정비결은 시간이 지난 뒤 보면 맞았다고도 할 수 있고 틀렸다고도 할 수 있게 애매모호한 문구로 되어 있기에 맞고 안 맞고의 평가는 본인의 생각에 달려 있는 경우가 많다.

세간에 회자되는 투자 격언들도 곱씹어보면 모두 나름의 의미가 있는 것들이지만 실제로 Trading을 하는데 있어서 적용하기 어려운 것들도 많고 토정비결처럼 맞고 안 맞고의 쓸모는 본인의 주관적인 판단에 의해 결정되는 경우가 많이 있으나, 투자 격언들의 행간 의미를 살펴보는 것도 Trading 관련 학습의 일부라고 할 수 있으니 관심을 기울여 볼 필요가 있다.

주식 Trading시 듣게 되는 "밀짚 모자는 겨울에 사라"라는 문구는 "대중을 피하라(Lose the crowd)"라는 투자 격언과 유사한 의미로 사용되고 있다. 중장기 Trading의 수익은 인기주로 부각되기 전 가격이 쌀 때 대중보다 먼저 매수 포지션을 취하는데서 온다는 의미인데, 다수의 Trader가 겨울에 밀짚 모자를 구입했을 경우는 예상과는 반대의 Trading 결과를 가져올 수도 있게 되니 Trading의 타이밍은 반드시 빠를수록 좋은 것만은 아닐 것이다.

"무릎에 사서 어깨에 팔아라"라는 주식 거래의 속설은 누구도 알 수 없는 최저점과 최고점을 기다리다 Trading 타이밍을 놓치기 일쑤이므로 과욕을 부리지 말고 적당한 수익에 만족하라라는 의미로 사용되고 있으나, 가격 분석시 어디가 무릎이고 어디가 어깨인지를 아는 것 또한 쉬운 일은 아닐 것이다.

"닭의 수를 세지 말라(Don't count your chickens)"라는 투자 명언은 수익이 나고 있는 포지션도 포지션을 정리하고 현금화하기 전에는 실제 수익이 아니니 분할 매도를 통한 일부 수익을 확보하거나 추적스톱(Trailing Stops)을 사용하여 수익을 지키라는 의미로 위험 관리의 중요성을 강조할 때 사용되고 있으나, 손절 못지 않게 어려운 것이 익절이며 성급한 익절은 Trading 수익을 반감시킨다는 점은 모든 Trader들이 공감하는 부분일 것이다.

도움이 될 듯하여 Trader 교육 당시 토론 소재로 사용했던 투자 격언들 일부를 아래에 발췌해 놓았으니 참고 하면 좋을 듯하다.

※ 다음 투자 격언들의 의미를 기술하고 그 장 · 단점을 논하시오.

- 자신에게 최대한 많이 투자하라.
- 시세는 시세에게 물어라.
- 환호를 경계하고 공포에 용기내라.

- 소문에 사고 뉴스에 팔아라.
- 가격과 가치는 절대 동등하지 않다.
- 사고 팔고 쉬어라. 쉬는 것도 투자이다.
- 대중을 따라 하는 것은 평균으로 후퇴하겠다는 뜻이다.
- 위험은 자신이 무엇을 하는지 모르는데서 온다.
- 보유 중인 포지션과 사랑에 빠지지 말라.
- 시장의 타이밍을 맞히려는 것은 스스로를 불안과 초조의 늪으로 빠뜨리는 것이다.

28

Trading의 고수?

세상은 넓고 고수는 많다? Trading 하는 사람들은 누구나 Trading의 고수가 되기를 꿈꾸며 끊임없이 노력하며 하루하루를 보내고 있다.

때로는 고수인척 혹은 고수로 보여졌으면 하는 분들도 많이 계시는 듯 하지만 조언 한 마디에도 내공이 느껴지는 실제 고수 Trader들도 직간접적으로 어렵지않게 만날 수 있다.

그렇다면 어떤 사람이 Trading의 고수일까? Trading으로 수익을 창출하고 있다는 가정하에 아래와 같은 사람들은 Trading의 고수로 인정할 만하다고 생각된다.

우선 돈을 많이 번 사람이다. 꿩 잡는게 매라고 Trading의 기본적인 목적은 수익의 창출이며 그 목적을 달성했다는 자체만으로 Trading이 주는 우여곡절을 이겨냈다는 반증이므로 고수로 대우받아 마땅하다.

자신만의 확고한 Trading 규칙이 있고 이를 실행해 온 사람은 고수이다. 자신에게 맞는 실행 가능한 Trading의 정답을 찾아낸다는 것이

얼마나 어려운 것인가를 생각해보면 이러한 사람은 본인 나름의 Trading 철학을 가진 고수가 틀림없다.

시장을 예측하기보다는 시장에 잘 대응하는 사람이 고수이다. Trader는 점쟁이가 아니며 가격을 정확히 예측할 수 있는 분석 방법들도 없기에 시장에 순응하며 효과적으로 대응해온 사람은 기술적 고수일 것이다.

"강한 자가 살아 남는 것이 아니고 살아 남은 자가 강한 자"라는 말이 있다. 숫자로 평가받는 냉정한 Trading의 세계에서 장기간 Trader로 활동한 사람이라면 고수일 확률이 아주 높다.

돈에 대한 욕심은 끝이 없는 것이 사람의 속성일텐데 안분지족(安分知足)하고 자신의 목표를 달성하고 Trading을 그만둔 사람은 고수이다. Trading이 주는 중독성과 새로운 다른 일에 쉽게 적응하지 못하는 Trader의 특성상 '따고 배짱'할 수 있는 사람은 냉철한 고수이다.

자신에게 맞는 고수들을 역할 모델(Role Model)로, 때로는 멘토(Mentor)로 삼아 시장에서 나름의 내공을 쌓아가다 보면 어느 순간 고수의 반열에 올라있는 자신을 발견할 수 있게 될 것이라 믿는다.

29
준법 Trading

Trader의 도덕성

다양한 시장 참가자들의 '공정한 자유 경쟁 확보를 통한 금융 시장의 신뢰성 제고'라는 목적 달성을 위한 지속적인 홍보와 노력에도 불구하고 크고 작은 금융 사기 사건들이 끊임없이 발생하며 심각한 경제 사회 문제로 대두되고 있다. 해외 페이퍼컴퍼니(Paper Company)를 통하여 비자금을 조성하거나 탈세를 목적으로 은닉 재산을 만드는 불법자금 관련 사건들도 심심치 않게 발생하고 있다.

특히 금전적 유혹을 이겨내지 못하고 불공정 거래 행위에 연루되어 형사 처벌을 받는 금융 기관 및 상장회사 임직원들의 소식은 '고양이에게 생선을 맡겨 놓은 격'이라 성토되며 절대다수의 선량한 시장 참가자들의 투자 의욕을 꺾고 실제 손실로 이어지고 있으니 반드시 사라져야 할 작태라고 생각된다.

일반 개인 투자자들에 비하여 더 높은 도덕성을 요구받고 있는 프랍 Trader들, 펀드 매니저들, 리서처들, 브로커들을 포함한 모든 기관 투자자자들에 대하여는 불공정 거래나 시장 질서 교란 행위와 관련하여 정기적인 교육이 강화되어 실시되고 있다.

또한 등록된 금융 기관 및 거래소의 회원사 임직원들이 개인적으로 국내 증권 시장에 투자할 경우 하나의 개인 계좌로 거래를 하여야 함을 원칙으로 하며, 임직원 명의의 개인 계좌와 가족 명의의 계좌의 거래 내역들은 정기적으로 각 사의 법규준수팀(Compliance Team)을 통하여 금융 감독 당국에 보고되어 지고 있다.

각 증권사의 법규준수팀들은 거래소 시장감시본부와 협력하여 각 투자 상품별로 지정된 기준이 적용되는 불공정 거래 적출 시스템을 설치하고 실시간으로 모든 상품과 위탁 계좌들을 감시하고 있다. 더욱 정교해진 불법 공매도 적출 시스템이 도입되고 있고, IT 기술과 금융 공학의 발달로 나날이 증가하고 있는 고빈도 Trading(High Frequency Trading)이나 알고리즘 Trading(Algorithm Trading)에 대하여도 인공 지능(AI)을 이용한 불공정 거래 적출 시스템을 한국거래소에서도 개발 중이라고 하니 그 감시의 폭은 점차 넓어지게 될 것이다.

이러한 적출 시스템상 이상 거래로 적출이 되면 해당 프랍 Trader들은 관련 소명 절차를 거치게 되며 사안의 반복이나 경중에 따라 징계에 회부되기도 한다. 통상적으로 금융 회사 임직원들에 대하여는 더 엄격한 법률적 · 도덕적 잣대가 적용되고 있으므로 시장 교란의 목적성이나 고의성 없이 Trading 전략의 적용상 발생한 문제들조차 해석에 따라 불이익을 받을 수 있으므로 애초부터 의심이나 논란의 소지가 있는 Trading은 하지 않는 것이 적절하다. 금융 기관 임직원들에게 있어서 주의, 경고, 감봉, 정직, 해고 등의 징계 기록들은 그 수위에 따라 일정 기간 진급 불가 등의 불이익을 감수하여야 하는 것은 물론이고, 전 직장의 징계기록서의 제출이 관례로 되어 있어 타사로의 이직시에도 악영향을 미치게 된다.

일반 개인 투자자들 중에도 거래하는 증권사 등으로부터 불공정 거래 적출 시스템에 의해 이상 거래로 적출되어짐에 따라 주의 및 경고를 받는 사례들이 있는데 사안이 반복될 경우 증권사의 수탁 거부를 통보 받을 수도 있으니 주의를 요한다. 검증되지 않은 루머(Rumor)의 무분별한 유포는 목적성이나 고의성과 무관하게 개인적인 다양한 제재를 받을 수도 있으므로 각별히 주의하여야 한다.

불공정 거래

정상적인 수급에 의한 가격 형성이 아닌 부당하고 공정하지 않은 방법에 의한 인위적 가격 결정을 방지하고 자유 경쟁을 유지하기 위한 세계 각국의 감독 규제 기관들의 노력은 계속되고 있다. 우리나라도 예외는 아니어서 자본시장법을 통하여 불공정 거래 행위와 시장 질서 교란 행위를 정의하고 그 구성 요건을 명시하고 있으며 규제 대상자, 규제 대상 정보 및 이에 따른 형사 처벌, 행정 규제, 양벌 규정 등의 법적 근거를 세세히 갖추고 있다.

주식 시장에서의 불공정 거래 행위는 부정 거래, 시세 조정, 미공개 정보 이용 사례들로 분류되어 질 수 있다. 허위, 과장 보도나 공시를 통하여 주가를 부양하고자 하는 행위가 부정 거래의 가장 흔한 사례이며, 회사의 내부자와 공모한 후 다수의 차명 계좌를 이용하여 주가를 부양하는 시세 조정 사례, 사업 구조나 재무상황에 큰 영향을 미치는 비공개정보를 이용하여 수익을 노리는 행위, 대량 매수 계획을 미리 알고 주식을 사놓았다가 가격이 오르면 팔아서 수익을 챙기거나, 미리 특정 주식을 사놓고 해당 주식의 매수 의견을 낸 후 가격이 오르면 팔고 나오는 프런트러닝(Front Running) 등은 그 목적성이 불순한 것으로 판명될 경우 회사 및 해당 임직원들도 행정 제재를 당하게 되고 벌금이나 징역 등 형사 처벌의 대상이 될 수도 있다.

시장 질서 교란 행위는 통상 불공정 거래 적출 시스템에 의하여 적출이 되게 되는데 허수 호가, 허수성 호가, 가장매매, 통정매매 등이 대표적인 사례들이다. 과실 행위 판단시 고의성이나 목적성이 없어도 과징금 등 행정 제재가 가능하므로 이상 거래로 적출될 경우 정확히 소명하고 유사 거래를 반복하지 않는 등의 조치를 취함으로써 선의의 피해자가 되지 않도록 주의를 기울어야 할 것이다.

허수 호가란 시장에서 실제로 매매 의사가 없이 주문을 제출하는 모든 호가 행위를 통칭한다. 허수성 호가란 거래 성립 가능성이 희박한 호가를 대량으로 제출하거나 호가를 제출한 후 해당 호가를 반복적으로 정정, 취소하여 시세에 부당한 영향을 주거나 줄 우려가 있는 행위라고 규정된다. 허수 호가나 허수성 호가는 전체 호가 상황에서 차지하는 점유율, 취소율, 체결률이 불공정 거래 적출 시스템의 적출 기준이 된다. 주식 시장의 경우 매도를 목적으로 팔자 호가를 내놓고 사자 호가에 대량 호가를 제출했다 취소를 반복함으로써 사자 호가가 많은 것으로 시장 참가자들을 현혹시켜 누군가가 자신의 팔자 호가를 사게 만드는 행위나 동시호가시 예상 체결 가격을 올려 가격이 오르는 듯한 착각을 유도하기 위해 대량의 사자 호가를 접수했다 취소시키는 행위

등은 전형적인 허수 호가나 허수성 호가를 이용한 시장 질서 교란 행위에 해당된다. 앞서 언급했듯이 시세 교란의 목적성이나 고의성이 없어도 제재가 가능하므로 고빈도 Trader나 스캘핑(Scalping) 전략을 사용하는 장중 Trader(Intraday Trader)들은 Trading 특성상 빈번한 호가의 접수와 취소가 이루어질 가능성이 많으므로 각별한 주의가 요구되며, 특히 시장 조성자가 아닌 경우 사자와 팔자 호가를 내놓고 Trading하는 양방향 호가(Two Way Quote) Trading은 불공정 거래 적출 시스템에 의하여 허수성 호가로의 적출 가능성이 높아지므로 지양하는 것이 좋다.

상장증권 혹은 장내 파생상품 시장에서 매매가 성황을 이루고 있는 듯이 잘못 알게 하는 것도 시장 질서 교란 행위로 간주되어 제재 대상이 되는데 일반적으로 가장매매나 통정매매가 이에 해당한다. 외관상으로는 매매가 이루어진 것으로 보이지만 권리 이전이 되지 않는 매매를 가장매매라 정의하는데, 외환 현물 시장은 구조적으로 자신의 사자 호가를 팔거나 자신의 팔자 호가를 살 수 없게 되어 있으나, 여타 대부분의 시장에서는 이러한 매매 행태가 가능한데 주식 시장의 경우 자신의 팔자 호가를 자신이 매수함으로써 시장 참가자들에게 거래 성황을 오인시키며 가격이 상승하고 있는 듯한 착각을 불러일으키려는 행위가 대표적인 사례이다. 가장매매는 자신의 매수 매도 호가를 자신이 체결시키는 것이므로 불공정 거래 적출 시스템에 의하여 거의 100% 적출된다고 볼 수 있다.

가장매매의 한 형태로 볼 수 있는 통정매매는 예를 들어 주식 시장에서 두 사람 이상이 미리 가격과 물량을 짜고 매매해서 가격을 올리려는 행위를 의미한다. 소위 불법 작전 세력들이 수십 수백 개의 계좌를 이용하여 통정매매를 통해 수익을 올리는 사례도 있었다고 하며, 유동성이 없는 장내외 주식의 경우 상대방과 가격과 수량을 정해놓고 터무니없이 높거나 낮은 가격에 체결시켜 부를 이동시켜 상속이나 증여의 수단으로 악용되는 경우도 있다하니 통정매매는 분명한 목적성과 고의성이 동반되기에 적출시 엄한 제재가 뒤따르게 된다.

불공정 거래 행위나 시세 교란 행위들도 법적 다툼의 소지가 있는 경우 금융 감독 기관이 아닌 사법 기관의 판단에 의해 그 행위의 적법성을 최종적으로 판결받게 되는 경우도 있다.

모든 시장 참가자들은 정당한 Trading 방법을 통하여 수익을 올려야 만하고 부정한 Trading을 한 경우 금융 감독 기관은 물론 금융 기관 및 시장 참가자들의 시스템과 제보에 의해 반드시 적출되며, 솜방망이 처벌이 아닌 이에 걸맞는 강력한 제재를 반드시 받게 된다는 인식이 공유되기를 바래본다. 아울러 법과 규제의 사각 지대를 이용하는 등 사기 수법도 더욱 대담해지고 정교해지고 있는 불법 거래소나 기관들을 발본색원함으로써 선량한 투자자들의 피해를 막을 수 있도록 모든 시장 참여자들의 관심과 제보가 한층 요구되어지는 시점이라 판단된다.

30

주린이를 만나서

코로나바이러스(Covid-19) 팬데믹(Pandemic)은 정치, 경제, 사회, 문화 등 모든 분야에 걸쳐 새로운 질서를 찾아가는 뉴 노멀(New Normal)의 시대를 열어 가고 있다.

투자와 관련한 패러다임(Paradigm)도 바뀌며 '동학 개미 운동'과 주식과 어린이의 합성어인 '주린이'라는 주식 투자 초보자를 뜻하는 신조어를 만들어내게 되었다.

주린이의 등장 원인과 관련한 어떤 설문 조사에 따르면 주식 Trading을 통한 실수익을 기대한다는 응답이 가장 많았으나 단순한 호기심, 최근의 투자 열풍, 주변의 추천 등이 그 뒤를 잇고 있어 내심 불안한 마음을 가지고 있던 차에 국내외 주식을 거래하고 있는 Trading 동아리 소속 주린이 대학생들을 만나 이런저런 이야기를 나누는 기회를 가지게 되었다.

주린이들이라고 하기에는 개별 종목 분석은 물론 각종 펀더멘털

always in the best
DAILY NEWS

경제지표 및 기술적 분석에 이르기까지 나름의 공부가 놀라울 정도였고, 큰 투자 금액은 아니었지만 투자 수익률도 나름 훌륭하여 무척이나 고무적인 상황이였다.

모든 투자의 책임은 본인에게 귀속됨을 명심할 것, 높은 기대 수익률에는 높은 위험이 따른다(High Risk High Return)는 것, 위험을 확실히 인지하기 전에는 빚내서 투자하지 말 것 등의 원론적인 이야기들에 덧붙여 노파심에서 몇 가지를 추가로 당부해주었다.

첫 번째는 미래 투자 시장의 주역이 될 주린이들이 가진 가장 소중한 자산 중 하나는 시간이기에 조바심을 버리고 가능한 긴 호흡으로 중·장기 Trading을 하라는 것이였다. 단기 Trading은 항상 시장을 주시하고 있어야 하며 거래 비용도 많이 발생하기에, 학업을 병행해야 하는 학생들에게는 적합한 전략은 아니라는 판단이 들었기 때문이었다. 거래 비용 절감과 관련하여서는 개인 종합 자산관리 계좌의 하나인 중개형 ISA 계좌를 이용하면 절세 효과를 거둘 수 있다는 사실도 국내 주식 투자를 하는 주린이들에게는 이미 상식이 되어 있었다.

두 번째는 금융 시장에 대한 학습과 관련된 것이었는데, 실제 Trading에 적용 가능한 지식들을 취사 선택해서 학습하라고 말해주었다. Trading에는 끝없는 배움이 요구되기는 하나 현학적인 지식들보다는 실용적인 지식들을 우선 순위로 하여 차근차근 배워나가야 한다는 생각이 그 이유였다.

또한 새로운 투자 상품들을 실제 Trading을 하지 않더라도 이들에 대한 개념과 활용에 대한 이해는 미래의 투자 수익이 어떤 섹터에서 발생할 수 있는지를 가늠할 수 있게 해주고 금융 시장의 발전과 변화를 파악할 수 있는 중요한 요소라고 생각되었기에 이와 관련한 공부를 게을리 하지 말것을 언급하면서 아래와 같은 몇 가지를 예를 들어 설명해주었다.

국내는 물론 미국 등 금융 선진국들에서 기업공개(IPO, Initial Public Offering)를 통해 성공적으로 신규 상장되는 종목들, 실제 주식을 매입하지 않고 주가 변동에 따른 차액만 취하는 장외 파생상품인 주식차액결제 거래(CFD, Contract For Difference), 주식 시장의 대표 우량주를 기초 자산으로 하는 개별주식선물, 국내 파생상품 시장 활성화 방안의 하나로 도입된 코스피200 위크리 옵션(Weekly Option) 등과 같은 투자 상품들에 대한 꾸준한 학습이 Trader로서 성공하는데 도움을 줄 수 있을 것임을 믿어 의심치 않고 있다.

세 번째는 투자 금액을 늘릴 때 신중을 기하라는 것이었다. 100만원으로 10%의 수익을 내는 것보다 1,000만원, 1억원으로 동일한 10%의 수익률을 달성하는 것이 금액 자체가 주는 부담탓에 현실적으로 더 어려운 일이며, 자신감이 붙어 시장에서 항상 수익을 낼 수 있을 것 같을 때 문제가 발생하곤 하니 큰 교통 사고를 일으키는 사람들은 조심성 많은 초보 운전자들이 아닌 것과도 같다고 할 수 있음을 말해주었다.

마지막으로 아무리 강조해도 지나치지 않을 디서플린(Discipline)의 중요성을 반복하였는데, 디서플린이 소홀해지면 쌓아온 모든 성과가 무너지는 것은 한순간이며 한번 무너지면 다시 추스리기까지는 몇 배나 고통스러운 시간과 노력을 필요로 한다는 것을 강조하였다.

마땅한 재테크 수단이 없다는 이유에서 주식 투자에 뛰어든 주린이들을 통해서나마 투자 자체에 대한 부정적인 인식이 점차 줄어들고 있다는 점은 반가운 일이 아닐 수 없다. 진지함을 뛰어넘어 절실함을 가지고 Trading에 임하는 주린이들 중에 훌륭한 Trader가 반드시 나오게 될 것이라는 믿음을 가질 수 있게 된 것은 필자에게도 소중한 경험이었다.

"성공 투자! 화이팅!" 이 땅의 모든 주린이들에게 아낌없는 희망과 응원의 메시지를 보내본다.

31
맺음말

시장의 우여곡절과 Trader들의 흥망성쇠를 가까이서 지켜보면서 웃고 울다 보니 한 세대에 해당하는 시간이 훌쩍 지나갔다.

지난 시간 동안 프랍 Trader로서 독특한 성취와 남다른 경험을 하였다는 자긍심과 Trading도 가르치면 습득할 수 있고 노력하면 Trader로 성공할 수 있다는 경험에서 온 신념으로 쓰기 시작한 이 책이 Trading과 관련한 자신만의 정답을 찾아내는데 미약하나마 도움이 되었다면 필자에게는 더 없는 기쁨이라 하겠다.

이 책을 읽은 모든 분들이 많은 사고(思考)를 통하여 Trading과 관련해 무엇을 준비해야 할지를 알게 됨으로써 성공 Trading으로 한 발짝 더 다가선 계기가 되었다면 더는 바랄 것이 없겠다.

저지르는 용기로 시작한 Trading이라도 초심을 잊지 말고 추스리는 지혜를 발휘하여 끝까지 시장에서 살아남아 수익을 거두어주기를 바래본다.

“세상에 공짜 점심은 없다(No Free Lunch)”는 진리와 “피할 수 없으면 즐겨라”라는 말이 있듯이 행복하게 열심히 일하면 금전적 보상은 저절로 오게 될 것이라는 믿음을 가질 것을 꼭 이야기해주고 싶었다.

“결국 수익을 가져다 주는 주체는 Trader가 아닌 시장이다”라는 명제를 생각하며 시장에 대한 두려움과 겸손함을 잊지 않는 Trader가 되기를 바라며 지금 이 순간에도 불철주야로 시장에서 숫자와의 싸움을 계속하고 있을 젊은 Trader들의 건투를 빌어본다.

“부자되세요!”

변변치 못한 필력탓에 이해하기 어려운 부분들도 있었을 것이며 책의 내용들 중 필자의 부족한 지식탓의 오류나 흐릿한 기억탓의 실수가 있었다면 양해를 구하고자 한다.

그간 필자가 소속되어 있던 프랍팀은 단 한 해도 Trading 손실을 보지 않았으니 이 기회를 통하여 함께 노력해준 동료, 선후배 Trader들에게도 감사를 표한다. 아울러 변함없는 응원과 지지를 보내준 사랑하는 아내와 가족들에게도 고마움을 전해본다.

저자 민광찬

부록

시카고 (Chcago Illinois, U.S.A.)

뜬금없다고 느끼실 분들도 있겠으나 골치 아픈 Trading 관련 이야기를 마무리한 김에 남다른 애정을 가지고 있는 도시 시카고 소개를 해 볼까 한다. 잠깐 여행 간다고 생각하며 가벼운 마음으로 읽어 주기를 바래본다.

미국 원주민들의 야생 양파, 마늘이라는 말에서 기원한 이름을 가진 시카고는 미국 제3의 도시로 서울만한 면적에 인구는 약 270만 명 정도이다.

미국 내 손꼽히는 대도시라 하여도 거주하기에는 여러모로 마땅한 곳은 아니다.

우선 주변에 산이 없어서인지 북극의 제트기류가 내려 오는 겨울은 길고 춥고 눈도 많이 온다. 기상 관측 이래 최저 기온은 −32.8°C(1985년)이고 낮 최저 기온은 −23.9°C(1994년)이었다고 한다. 시카고는 바람의

CHICAGO
CHICAGO
Lake Michigan
CHICAGO
NEW YORK
ATLANTA
DALLAS
MIAMI

도시(Windy City)라는 별명을 가지고 있는데 원래 유래는 정치적 바람을 일으킨데서 왔다고 전해지나 실제로 시속 50Km를 넘나드는 겨울 강풍의 위력은 체감 온도를 -50.0°C에 이르게도 한다.

1994년의 기록적 추위는 필자도 직접 체험하였는데 꽁꽁 싸맨채 눈만 내놓고 외출하여도 눈각막의 습기가 얼어 눈을 깜빡일 때마다 아삭아삭 살얼음 부서지는 소리가 날 정도였다.

시카고는 최근 고용 시장(Job Market) 조사에서 미국 내 도시 중 150위 정도를 하였다고 하니 일자리를 구하기도 어려운 도시이다. 또한 대도시인 관계로 세금이 높고 집값 등 생활 물가도 비싼 편이다.

마피아 영화의 단골 배경이었던 시카고는 1990년대 이후로 치안 상황은 점차 좋아지고 있다고는 하지만 시내를 벗어난 남쪽과 서쪽 지역 일부는 그리 안전하지 않아 항상 주의해야 한다.

이처럼 살기에는 적당한 도시가 아님에도 불구하고 시카고는 미국 내에서 손꼽히는 관광 및 상업 도시 중 하나이다.

미국 내 교통의 중심지 답게 시카고의 관문인 오헤어 국제공항(O'hare International Airport)은 한때 세계 제1의 공항다운 규모를 자랑한다.

19세기 미국 내 최악의 재해로 손꼽히는 시카고 대화재로 도시 대분분이 소실된 이후 도시 계획을 새롭게 하여 재건되었는데, 고딕 양식의 저수탑인 시카고워터타워(Chicago Water Tower)는 대화재 때 살아남은 몇 개의 건축물 중 하나로 국가 등록 문화재로 지정되어 시카고의 상징과 같은 역할을 하고 있다.

현대 건축의 보고라는 명성에 걸맞게 시카고에는 300m가 넘는 6개의 마천루 빌딩들과 함께 옥수수 빌딩 등 독특한 외양과 구조를 가지고 있는 건물들이 숲을 이루고 있으며 그 사이사이로 샤갈(Mark Chagall), 피카소(Pablo Picasso), 콜더(Alexander Calder) 등 거장들의 대형 조형물들을 볼 수 있다.

특히 시어즈타워(Sears Tower)에서 건물명이 바뀐 443m, 110층의 윌리스타워(Willis Tower) 전망대에서는 개성있는 모습의 빌딩들과 끝없이 펼쳐진 지평선으로 이루어진 장쾌한 야경을 볼 수 있다. 344m, 100층인 존행콕 센터(Johnhancock Center) 전망대에서도 멋진 미시간 호수(Lake Michigan)와 시내 전망을 한눈에 볼 수 있다.

과거의 농축산물 집산지에서 변모하여 세계 최초의 선물거래소로 1848년 설립된 시카고상품거래소CBOT(Chicago Boatd of Trade)와 시카고상업거래소CME(Chicago Mercantile Exchange), 시카고옵션거래소CBOE(Chicago Board Options Exchage)의 등장 이후 파생상품 거래의 중심 도시로 알려지고 있는데, 이들 거래소들이 방문객 관람장소(Visitors' Gallery)를 폐지하여 예전처럼 다이내믹한 볼거리를 제공하지 못하게 된 것은 무척 아쉬운 일이다. 금융 중심지에서는 건물 꼭대기에 곡물과 땅의 여신인 케레스(Ceres) 동상이 있는 고풍스러운 CBOT와 시카고 연방준비은행(Federal Reserve Bank of Chicago) 등도 구경할만하다.

시카고는 우리나라 면적의 반 이상이나 되며 넓은 모래 사장과 바다처럼 파도까지 치는 미시간 호수(Lake Michigan) 탓에 해안 도시인 듯한 착각을 불러일으키기 조차하는데 미시간 호수상에서 로맨틱한 식사를 할 수 있는 크루즈(Cruise)가 떠다니고, 아기자기한 시카고강(Chicago River)에서는 유람선을 타고 여유롭게 시내 관광을 할 수 있다.

시카고 강이 미시간 호수로 흘러들어 가는 곳에 네이비피어(Navy Pier)가 있는데 놀이 공원은 아니지만 대회전관람차, 회전목마 등 탈 것도 있고, 버스킹하는 젊은 음악가들도 모여드는 곳으로 특히 야경이 멋져서 불꽃놀이라도 하는 날에는 인파로 발 디딜 곳이 없는 인기 지역이다.

콩 모양의 조형물인 클라우드게이트(Cloud Gate)와 LED 스크린이 장착되어 있는 크라운분수(Crown Fountain)로 소문난 밀레니엄파크(Millennium Park)는 시카고를 대표하는 공원으로 관광객들의 발길이 끊이지 않는 곳이다.

46m까지 물줄기가 치솟는 거대한 버킹엄분수(Buckingham Fountain)가 있는 그랜트파크(Grant Park)는 2008년 미국 최초의 흑인 대통령인 버락 오바마(Barack Obama) 대통령이 수많은 지지자들 앞에서 당선 연설을 한 곳으로도 유명한데 시카고 불스(Chicago Bulls) 등 프로 스포츠팀의 우승 축하 행사 등 각종 행사와 집회가 열리는 곳이다. 코로나바이러스 탓으로 중단되어 있지만 해마다 시카고 특유의 재즈와 블루스, 소울 음악을 잔디밭에 앉아 감상하며 한여름 밤의 정취를 느낄 수 있는 뮤직페스티발과 시카고의 유명 식당들이 참여하는 음식 축제인 테이스트오브시카고(Taste of Chicago)가 열리는 곳으로도 유명하다.

시카고대학교(University of Chicago), 노스웨스턴대학교(Northwestern University), 시카고예술대학교(School of the Art Institute of Chicago) 등 세계적인 유명 대학들이 소재하고 있는데, 특히 미국 3대 미술관의 하나인 시카고예술대학교의 미술관에서는 미술에 조예가 깊지 않은 일반인들에게도 낯설지 않은 거장들의 작품들을 관람할 수 있다. 현대 미술을 좋아하는 분들은 시카고 현대 미술관(Museum of Contemporary Art of Chicago)을 방문해 볼 것을 추천한다.

환상의 1마일(Magnificent Mile)이라 불리우는 약 1.6km의 쇼핑 거리를 따라 여러 개의 백화점들과 명품샵 등의 상점들이 즐비하게 늘어서 있고, 소문난 시카고 핫도그(Hotdog), 믹스팝콘(Mixed Popcorn), 딥디쉬 피자(Chicago Deep Dish Pizza)는 물론이고 세계 각국의 요리를 맛볼 수 있는 고급 식당들이 집결해 있다. 음악을 좋아하는 분들이라면 시카고 특유의 시카고재즈를 라이브로 맘껏 즐길 수 있는 재즈바나 재즈클럽도 주변에 많이 있으니 참고하시면 좋을 듯하다.

미국 최초의 대형 극장으로 1921년 설립되어 100주년을 맞이한 시카고 극장(Chicago Theater)은 파리의 개선문을 참고하여 만들어졌다고 하는데 화려한 조명으로 유명하며, 1929년 설립된 미국에서 두 번째로 큰 오페라 전용 극장인 시카고 오페라하우스(Civic Opera House)도 클래식한 외관으로 인상적인데 두 곳 모두 다양한 공연으로 현재 성업 중이다.

아이들과 함께라면 필드 자연사 박물관(Field Museum of Natural History), 링컨 공원 동물원(Lincoln Park Zoo), 쉐드 수족관(Shedd Aquarium) 등도 가볼만한데 특히, 쉐드 수족관 앞은 시카고 도시 전경을 배경으로 인생 사진을 찍을 수 있는 최고의 장소라고 생각된다.

농구, 야구, 미식축구, 아이스하키, 축구 등 6개의 프로 스포츠 구단이 시카고를 연고지로 하여 운영되며 큰 인기를 끌고 있는데, 특히 초대 미국미식축구리그(NFL, National Football League) 우승팀으로 9차례나 우승컵을 들어 올린 미식축구팀 시카고베어즈(Chicago Bears), 1990년대 마이클 조던(Michael Jordan)과 함께 6차례 우승하며 불스왕조를

건설했던 농구팀 시카고 불스(Chicago Bulls), 108년이나 이어온 염소의 저주를 끊고 2016년 우승한 야구팀 시카고 컵스(Chicago Cubs) 등이 유명한데 시카고 컵스의 홈구장인 리글리필드(Wrigley Field)는 100년이 넘은 역사와 빨간 벽돌, 담쟁이덩굴로 유명하고 주변에 젊은 사람들이 많이 가는 식당과 술집들이 많아 항상 인파로 북적거린다.

시카고 차이나타운(China Town)에 가면 미국식 중국 음식은 물론 전통 중국 요리를 먹을 수 있는 유명 맛집들도 있다. 시내를 조금 벗어나면 어렵지 않게 한식 만찬을 즐길 수는 있으나 1990년대만해도 한국 식당들과 상점들이 몰려있던 한인 거리가 존재했었는데 지금은 이곳 저곳으로 분산되어 딱히 한인타운이라 불릴만한 지역은 없어 아쉬운 감이 있다.

시카고에는 8개의 전철 노선이 있는 등 대중 교통도 발달해 있으나 위에서 언급한 거의 대부분의 명소들은 시카고의 이층 관광 버스(Double Decker Bus)를 타면 갈 수 있다. 이층 관광 버스는 시내 주요 관광지마다 정류장을 두고 있어 일일 이용권을 끊은 관광객들은 시간에 구애받지 않고 정류장마다 내려서 주변을 구경한 후 같은 회사의 이층 관광 버스를 아무것이나 타고 다음 정류장으로 이동하면 된다. 하루 종일 탔다 내렸다를 반복하며 저렴한 가격으로 시카고 시내 곳곳을 구경할 수 있고, 운행내내 지나치는 모든 풍경들에 대해 안내 방송도 해주니 가장 효율적인 시내 관광 방법이라고 생각된다.

추운 겨울만 피한다면 멋진 추억 거리를 남길 수 있을 것이라 믿으며 자연과 사람, 문화와 예술이 잘 조화된 도시 시카고를 여행해볼 것을 추천한다.

| 저자소개 |

민광찬

kwangchanmin27@gmail.com

연세대학교 상경대학 경영학과 졸업
1991년 선물거래협의회(사) 사무국 사원
1998년 Tong Yang Futures America, Inc.(Chicago, Il. U.S.A.)
Asset Management Team Head
2010년 동양선물(주) 투자공학팀장
2013년 동양증권(주) FICC선물운용팀장
2020년 메리츠증권(주) 플러스운용팀장
한국, 미국 (Series3) 선물거래상담사

2009년 달러선물 상장 10주년 기념 공로상 / 한국거래소
2012년 20년 근속상 / 동양그룹
2016년 우수사원 표창장 / 메리츠증권(주)

Trading 101; 정답은 없겠지만

2021년 10월 20일 1판 1쇄 인쇄
2021년 10월 25일 1판 1쇄 발행

저　자 | 민광찬
발행인 | 이수영
발행처 | 도서출판 청람
서울시 마포구 독막로 288(대흥동, 세양상가 109호)
전　화 | 02)3272-2601~2
팩　스 | 02)3272-2603
이메일 | crbooks@daum.net
홈페이지 | http://www.crbooks.co.kr
등　록 | 2000년 8월 26일 제6-0509호

ISBN 978-89-5972-842-8 93320 [정가 15,000원]